Les grands Contemporains
présentent

Éric-Emmanuel Schmitt
présente

13 récits d'enfance et d'adolescence

Notes, questions et après-texte établis par
SYLVIE COLY
professeur de Lettres

Sommaire

Préface d'Éric-Emmanuel Schmitt 5

Textes

Écrire ses souvenirs d'enfance
Georges Perec, *W ou le Souvenir d'enfance* 11
Nathalie Sarraute, *Enfance*. 16
Amélie Nothomb, *Métaphysique des tubes*. 20

Figures maternelles et paternelles
Driss Chraïbi, *La Civilisation, ma Mère !*... 24
Annie Ernaux, *La Place*. .. 33

L'enfance déracinée
Albert Cohen, *Le Livre de ma mère* 39
Romain Gary, *La Promesse de l'aube* 43
Éric-Emmanuel Schmitt, *Oscar et la dame rose* 51

L'enfance et l'adolescence, champs d'expérience
Jules Vallès, *L'Enfant*. ... 68
Irène Némirovsky, *Le Bal* 74

L'enfance heurtée par l'histoire
Fred Uhlman, *L'Ami retrouvé*. 89
Éric-Emmanuel Schmitt, *L'Enfant de Noé* 97
Jean-Claude Moscovici, *Voyage à Pitchipoï*. 104

Après-texte

POUR COMPRENDRE

Étape 1 **Écrire ses souvenirs d'enfance** 110
 QUESTIONS Lire – Écrire – Chercher
 À SAVOIR Les enjeux et les difficultés de l'écriture de soi

Étape 2 **Figures maternelles et paternelles** 112
 QUESTIONS Lire – Écrire – Chercher – Oral
 À SAVOIR Les registres de langue

Étape 3 **L'enfance déracinée** 114
 QUESTIONS Lire – Écrire – Chercher – Oral
 À SAVOIR L'explicite et l'implicite

Étape 4 **L'enfance et l'adolescence, champs d'expérience** 116
 QUESTIONS Lire – Écrire – Chercher
 À SAVOIR Le discours rapporté

Étape 5 **L'enfance heurtée par l'histoire** 118
 QUESTIONS Lire – Écrire – Chercher – Oral
 À SAVOIR Exprimer une opinion argumentée

Étape 6 **Synthèse** .. 120
 QUESTIONS Lire – Écrire – Chercher – Oral
 À SAVOIR Fiction, autobiographie ou autofiction ?

INTERVIEW EXCLUSIVE D'ÉRIC-EMMANUEL SCHMITT...... 122

INFORMATION/DOCUMENTATION
Bibliographie, filmographie, sites Internet 126

Préface d'Éric-Emmanuel Schmitt

Récits d'enfance et d'adolescence

L'enfance est un pays que nous avons quitté, un pays où nous ne retournerons jamais.

Tout récit d'enfance constitue un récit d'exil.

Faut-il le regretter ? Rien de plus insupportable que les individus larmoyants qui nous infligent le détail de leurs premières années avec l'envie régressive de s'y blottir encore. Leur plainte révèle surtout qu'ils ne sont plus de vrais enfants, et pas encore de vrais adultes. On peut même avancer qu'ils trahissent le garçon qu'ils furent, lequel voulait à coup sûr, lui, devenir un homme.

Il nous faut admettre que le seul chemin qui reconduise à l'enfance soit le souvenir. Mais admettre aussi qu'on ne se souvient pas de tout. Et que la mémoire fluctue.

L'inconstance des souvenirs me fascine. Si vous m'aviez demandé de raconter mon enfance à treize ans, j'aurais été bref tant j'avais alors l'impression de me réveiller d'un long sommeil. À vingt ans, j'aurais été encore plus laconique car, préoccupé par l'amour et le sexe, je n'apercevais plus dans mon enfance qu'un plat désert en gravier. À trente ans, parce que mes grands-mères venaient de mourir, j'aurais eu soudain une perception plus vive, plus sentimentale, plus chaleureuse et variée de ces années-là. À quarante ans, devenu un écrivain qui composait des romans dont les héros s'avéraient fort jeunes, je retrouvai des milliers de sensations disparues et constatai que mon enfance s'enrichissait…

Bref, j'ai déjà eu plusieurs enfances. Et j'en aurais encore d'autres. Tout dépend de l'âge auquel j'en parlerai.

Préface d'Éric-Emmanuel Schmitt

On dit souvent que le présent n'existe qu'en fonction du passé… Certes, mais le passé n'existe qu'en fonction du présent ! On fouille à partir d'un point de vue. Le regard qu'on lance sur le révolu reste le regard du moment, fait de soucis, de désirs, d'obsessions immédiates. Toute histoire est contemporaine. Même l'histoire de notre passé…

Si l'enfant est le père de l'homme, l'homme demeure le père de l'enfant qu'il cherche dans ses souvenirs.

Voilà pourquoi les récits d'enfance me passionnent. Offrant un aller-retour constant entre hier et aujourd'hui, ils montrent comment l'un et l'autre se fabriquent ensemble.

Le récit d'enfance se révèle un genre intelligent, mettant en œuvre une pensée dialectique.

Une question revient lorsqu'on désigne l'autobiographie : le récit correspond-il bien à la vérité ? L'auteur ne ment-il pas, consciemment pour arranger son portrait, ou inconsciemment parce qu'il cède à la nécessité de composer le portrait ?

À ces questions, j'ai envie de répondre par une autre : qu'est-ce que la vérité ?

La vérité ne se limite pas à la réalité des faits ou des objets, comme le signale Georges Perec dans *W*, puisque rapporter les mensonges, les fantasmes et les fictions inventés par une personne l'exprimera davantage qu'une photo ou qu'une date de naissance.

Mieux : la vérité ne ressemble pas aux faits, comme l'indique Nathalie Sarraute dans *Enfance*, qui refuse de trafiquer ses souvenirs pour leur donner une netteté, un ordre, une logique, un « romanesque » qu'ils n'ont pas.

Pis : la conscience n'a parfois même plus de souvenirs à sa disposition. Aussi Amélie Nothomb dans *Métaphysique des tubes* recourt-elle à la troisième personne et appelle-t-elle Dieu le nourrisson qu'elle fut.

Préface d'Éric-Emmanuel Schmitt

Adieu donc au procès-verbal ! Il ne formera jamais un récit d'enfance.

Comme le prouvent les textes suivants, la force du récit d'enfance ne consiste pas à être vraie mais intéressante. Entre le roman et l'essai, il décrypte la formation spirituelle, intellectuelle, psychologique, sociale d'un individu. Dans *La Civilisation, ma Mère… !*, Driss Chraïbi examine avec tendresse comment, au sein de son foyer, coexistent deux civilisations, la technicienne et la magique. Et de façon aussi clinique que bouleversante, Annie Ernaux dans *La Place* montre l'inconfort social et linguistique qui la conduira un jour à être l'écrivain qu'elle est.

Dans *La Promesse de l'aube*, Romain Gary nous rappelle que son enfance ne fut pas seulement la sienne puisqu'elle appartenait au royaume de sa mère, et que sa vie adulte ne se réduit pas non plus à la sienne propre dans la mesure où elle accomplit le rêve de sa mère, avec tout ce que cela comporte d'exaltant et d'inhibant. Dans *Oscar et la dame rose*, c'est enfin l'enfant lui-même qui parle, au présent, et tente de comprendre le monde dans lequel il rit ou souffre. Ici, à la différence des autres récits, pas de point de vue adulte, sinon de manière ironique puisque Oscar lui-même se projette dans l'existence du grand qu'il n'aura jamais, en se donnant chaque jour dix ans de plus.

L'Enfant de Jules Vallès saisit bien l'importance de la lecture pour cerner sa propre vie et Irène Némirovsky, dans *Le Bal*, expose l'ardeur avec laquelle l'adolescente tient à devenir rapidement une femme.

Les trois derniers textes exploitent le thème de la frontière. Frontière entre l'espace enfantin et l'espace adulte. Frontière entre l'intime et le social. Frontière entre un monde régi par les sentiments et un monde réglé par les idéologies. Frontière entre un univers où n'existent que des individus concrets, réels, singuliers, et un univers où l'individu, fiché abstraitement dans des catégories, peut être supprimé. Fred Uhlman, dans *L'Ami retrouvé*, démontre, à travers l'amitié romantique de deux garçons, l'absurdité des considérations racistes. *L'Enfant de Noé* souligne

la difficulté à comprendre son identité ou l'identité des autres en temps de guerre, sous-entendant qu'une personnalité est davantage constituée de questions que de réponses. Et le narrateur de *Voyage à Pitchipoï*, par son seul regard étonné d'enfant de six ans, inspire l'absurdité d'un camp organisé par des barbares.

L'enfant a une fonction critique. N'étant pas l'auteur du monde dans lequel il vit, il fait apparaître ses fondements, ses errances, ses excès. Quoique né sur une terre, il y avance en étranger, un étranger qui voudrait se faire accepter, un étranger qui cherche à s'intégrer. Mais un étranger à jamais…

Comme l'écrivain lui-même…

Éric-Emmanuel Schmitt

Éric-Emmanuel Schmitt
présente
13 récits d'enfance et d'adolescence

Écrire ses souvenirs d'enfance

Georges Perec (1936-1982)
W ou le Souvenir d'enfance, 1975

Georges Perec enchâsse, au gré des chapitres, deux textes. Le premier, en italique, évoque le récit d'un fantasme d'enfant : la vie d'une cité régie par l'idéal olympique, établie sur l'île W. Le second, autobiographique, relate ses souvenirs d'enfance, fragmentaires et soumis au doute.

I

J'ai longtemps hésité avant d'entreprendre le récit de mon voyage à W. Je m'y résous aujourd'hui, poussé par une nécessité impérieuse[1], persuadé que les événements dont j'ai été le témoin doivent être révélés et mis en lumière. Je ne me suis pas dissimulé les scrupules – j'allais dire, je ne sais pourquoi, les prétextes – qui semblaient s'opposer à une publication. Longtemps j'ai voulu garder le secret sur ce que j'avais vu ; il ne m'appartenait pas de divulguer quoi que ce soit sur la mission que l'on m'avait confiée, d'abord parce que, peut-être, cette mission ne fut pas accomplie – mais qui aurait pu la mener à bien ? – ensuite parce que celui qui me la confia a, lui aussi, disparu.

Longtemps je demeurai indécis. Lentement j'oubliai les incertaines péripéties de ce voyage. Mais mes rêves se peuplaient de ces villes fantômes, de ces courses sanglantes dont je croyais encore entendre les mille clameurs[2], de ces oriflammes[3] déployées que le vent de la mer lacérait. L'incompréhension, l'horreur et la fascination se confondaient dans ces souvenirs sans fond.

1. Qui s'impose.
2. Cris mêlés d'une foule.
3. Étendards, bannières.

Longtemps j'ai cherché les traces de mon histoire, consulté des cartes et des annuaires, des monceaux d'archives. Je n'ai rien trouvé et il me semblait parfois que j'avais rêvé, qu'il n'y avait eu qu'un inoubliable cauchemar.

Il y a… ans, à Venise, dans une gargote[1] de la Giudecca, j'ai vu entrer un homme que j'ai cru reconnaître. Je me suis précip ité sur lui, mais déjà balbutiant deux ou trois mots d'excuse. Il ne pouvait pas y avoir de survivant. Ce que mes yeux avaient vu était réellement arrivé : les lianes avaient disjoint les scellements[2], la forêt avait mangé les maisons ; le sable envahit les stades, les cormorans s'abattirent par milliers et le silence, le silence glacial tout à coup. Quoi qu'il arrive, quoi que je fasse, j'étais le seul dépositaire[3], la seule mémoire vivante, le seul vestige de ce monde. Ceci, plus que toute autre considération, m'a décidé à écrire.

Un lecteur attentif comprendra sans doute qu'il ressort de ce qui précède que dans le témoignage que je m'apprête à faire, je fus témoin, et non acteur. Je ne suis pas le héros de mon histoire. Je n'en suis pas non plus exactement le chantre[4]. Même si les événements que j'ai vus ont bouleversé le cours, jusqu'alors insignifiant, de mon existence, même s'ils pèsent encore de tout leur poids sur mon comportement, sur ma manière de voir, je voudrais, pour les relater, adopter le ton froid et serein de l'ethnologue : j'ai visité ce monde englouti et voici ce que j'y ai vu. Ce n'est pas la fureur bouillante d'Achab[5] qui m'habite, mais la blanche rêverie d'Ishmael[6], la patience de Bartleby[7].

1. Un restaurant bon marché.
2. Matières collantes unissant les pièces d'une construction.
3. Personne qui détient le secret.
4. Porte-parole.
5. Capitaine du baleinier *Le Pequot* dans *Moby Dick* (1851) d'Hermann Melville.
6. Narrateur de *Moby Dick*.
7. Personnage de *Bartleby le scribe* d'Herman Melville (1856).

Georges Perec, *W ou le Souvenir d'enfance*

C'est à eux, encore une fois, après tant d'autres, que je demande d'être mes ombres tutélaires[1].

Néanmoins, pour satisfaire à une règle quasi générale, et que, du reste, je ne discute pas, je donnerai maintenant, le plus brièvement possible, quelques indications sur mon existence et, plus précisément, sur les circonstances qui décidèrent de mon voyage.

Je suis né le 25 juin 19…, vers quatre heures, à R., petit hameau de trois feux, non loin de A. Mon père possédait une petite exploitation agricole. Il mourut des suites d'une blessure, alors que j'allais avoir six ans. Il ne laissait guère que des dettes et tout mon héritage tint en quelques effets, un peu de linge, trois ou quatre pièces de vaisselle. L'un des deux voisins de mon père s'offrit à m'adopter ; je grandis au milieu des siens, moitié comme un fils, moitié comme un valet de ferme.

À seize ans, je quittai R. et j'allai à la ville ; j'y exerçai quelque temps divers métiers mais, n'en trouvant pas qui me plaise, je finis par m'engager[2]. Habitué à obéir et doté d'une résistance physique peu commune, j'aurais pu faire un bon soldat, mais je me rendis bientôt compte que je ne m'adapterais jamais vraiment à la vie militaire. Au bout d'un an passé en France, au Centre d'Instruction de T., je fus envoyé en opérations ; j'y restai plus de quinze mois. À V., au cours d'une permission, je désertai. Pris en charge par une organisation d'objecteurs[3], je parvins à gagner l'Allemagne, où, longtemps, je fus sans travail. Je m'installai pour finir à H., tout près de la frontière luxembourgeoise. J'avais trouvé une place de graisseur dans le plus grand garage de la ville. Je logeais dans une petite pension de famille et je

1. Anges gardiens.
2. Entrer dans l'armée.
3. Personnes refusant les obligations militaires.

passais la plupart de mes soirées dans une brasserie à regarder la télévision ou, parfois, à jouer au jacquet[1] *avec l'un ou l'autre de mes camarades de travail.*

II

Je n'ai pas de souvenirs d'enfance. Jusqu'à ma douzième année à peu près, mon histoire tient en quelques lignes : j'ai perdu mon père à quatre ans, ma mère à six ; j'ai passé la guerre dans diverses pensions de Villard-de-Lans. En 1945, la sœur de mon père et son mari m'adoptèrent.

Cette absence d'histoire m'a longtemps rassuré : sa sécheresse objective[2], son évidence apparente, son innocence, me protégeaient, mais de quoi me protégeaient-elles, sinon précisément de mon histoire, de mon histoire vécue, de mon histoire réelle, de mon histoire à moi qui, on peut le supposer, n'était ni sèche, ni objective, ni apparemment évidente, ni évidemment innocente ?

« Je n'ai pas de souvenirs d'enfance » : je posais cette affirmation avec assurance, avec presque une sorte de défi. L'on n'avait pas à m'interroger sur cette question. Elle n'était pas inscrite à mon programme. J'en étais dispensé : une autre histoire, la Grande, l'Histoire avec sa grande hache, avait déjà répondu à ma place : la guerre, les camps.

À treize ans, j'inventai, racontai et dessinai une histoire. Plus tard, je l'oubliai. Il y a sept ans, un soir, à Venise, je me souvins tout à coup que cette histoire s'appelait « W » et qu'elle était, d'une certaine façon, sinon l'histoire, du moins une histoire de mon enfance.

1. Jeu de dés.
2. Scientifique.

Georges Perec, *W ou le Souvenir d'enfance*

En dehors du titre brusquement restitué, je n'avais pratiquement aucun souvenir de W. Tout ce que j'en savais tient en moins de deux lignes : la vie d'une société exclusivement préoccupée de sport, sur un îlot de la Terre de Feu.

Une fois de plus, les pièges de l'écriture se mirent en place. Une fois de plus, je fus comme un enfant qui joue à cache-cache et qui ne sait pas ce qu'il craint ou désire le plus : rester caché, être découvert.

Je retrouvai plus tard quelques-uns des dessins que j'avais faits vers treize ans. Grâce à eux, je réinventai W et l'écrivis, le publiant au fur et à mesure, en feuilleton, dans *La Quinzaine littéraire*, entre septembre 1969 et août 1970.

Aujourd'hui, quatre ans plus tard, j'entreprends de mettre un terme – je veux tout autant dire par là « tracer les limites » que « donner un nom » – à ce lent déchiffrement. W ne ressemble pas plus à mon fantasme olympique que ce fantasme olympique ne ressemblait à mon enfance. Mais dans le réseau qu'ils tissent comme dans la lecture que j'en fais, je sais que se trouve inscrit et décrit le chemin que j'ai parcouru, le cheminement de mon histoire et l'histoire de mon cheminement.

© Éditions Denoël.

NATHALIE SARRAUTE (1900-1999)
Enfance, 1983

Tout au long de cette autobiographie, la narratrice, désignée par « je », dialogue avec son double, qui l'interroge, la pousse à analyser sa démarche et l'encourage à évoquer un premier souvenir.

– Alors, tu vas vraiment faire ça ? « Évoquer tes souvenirs d'enfance »… Comme ces mots te gênent, tu ne les aimes pas. Mais reconnais que ce sont les seuls mots qui conviennent. Tu veux « évoquer les souvenirs »… il n'y a pas à tortiller, c'est bien ça.
5 – Oui, je n'y peux rien, ça me tente, je ne sais pas pourquoi…
– C'est peut-être… est-ce que ce ne serait pas… on ne s'en rend parfois pas compte… c'est peut-être que tes forces déclinent…
– Non, je ne crois pas… du moins je ne le sens pas…
– Et pourtant ce que tu veux faire… « évoquer tes souvenirs »… est-
10 ce que ce ne serait pas…
– Oh, je t'en prie…
– Si, il faut se le demander : est-ce que ce ne serait pas prendre ta retraite ? te ranger ? quitter ton élément, où jusqu'ici, tant bien que mal…
15 – Oui, comme tu dis, tant bien que mal…
– Peut-être, mais c'est le seul où tu aies jamais pu vivre… celui…
– Oh, à quoi bon ? je le connais.
– Est-ce vrai ? Tu n'as vraiment pas oublié comment c'était là-bas ? comme là-bas tout fluctue, se transforme, s'échappe… tu avances à
20 tâtons, toujours cherchant, te tendant… vers quoi ? qu'est-ce que c'est ? ça ne ressemble à rien… personne n'en parle… ça se dérobe, tu t'agrippes comme tu peux, tu le pousses… où ? n'importe où, pourvu

que ça trouve un milieu propice où ça se développe, où ça parvienne peut-être à vivre… Tiens, rien que d'y penser…

– Oui, ça te rend grandiloquent[1]. Je dirai même outrecuidant[2]. Je me demande si ce n'est pas toujours cette même crainte… Souviens-toi comme elle revient chaque fois que quelque chose d'encore informe se propose… Ce qui nous est resté des anciennes tentatives nous paraît toujours avoir l'avantage sur ce qui tremblote quelque part dans les limbes[3]…

– Mais justement, ce que je crains, cette fois, c'est que ça ne tremble pas… pas assez… que ce soit fixé une fois pour toutes, du « tout cuit », donné d'avance…

– Rassure-toi pour ce qui est d'être donné… c'est encore tout vacillant, aucun mot écrit, aucune parole ne l'ont encore touché, il me semble que ça palpite faiblement… hors des mots… comme toujours… des petits bouts de quelque chose d'encore vivant… je voudrais, avant qu'ils disparaissent… laisse-moi…

– Bon. Je me tais… d'ailleurs nous savons bien que lorsque quelque chose se met à te hanter…

– Oui, et cette fois, on ne le croirait pas, mais c'est de toi que me vient l'impulsion, depuis un moment déjà tu me pousses…

– Moi ?

– Oui, toi par tes objurgations[4], tes mises en garde… tu le fais surgir… tu m'y plonges…

« *Nein, das tust du nicht* »… « Non, tu ne feras pas ça »… les voici de nouveau, ces paroles, elles se sont ranimées, aussi vivantes, aussi actives qu'à ce moment, il y a si longtemps, où elles ont pénétré en moi, elles appuient, elles pèsent de toute leur puissance, de tout leur énorme poids…

1. Exagérément solennel.
2. Manifestant une trop grande confiance en soi.
3. Endroits imprécis de la mémoire.
4. Encouragements pressants à ne pas le faire.

et sous leur pression quelque chose en moi d'aussi fort, de plus fort encore se dégage, se soulève, s'élève... les paroles qui sortent de ma bouche le portent, l'enfoncent là-bas... « *Doch, Ich werde es tun.* » « Si, je le ferai. » « *Nein, das tust du nicht.* » « Non, tu ne feras pas ça... » ces paroles viennent d'une forme que le temps a presque effacée... il ne reste qu'une présence... celle d'une jeune femme assise au fond d'un fauteuil dans le salon d'un hôtel où mon père passait seul avec moi ses vacances, en Suisse, à Interlaken ou à Beatenberg, je devais avoir cinq ou six ans, et la jeune femme était chargée de s'occuper de moi et de m'apprendre l'allemand... Je la distingue mal... mais je vois distinctement la corbeille à ouvrage posée sur ses genoux et sur le dessus une paire de grands ciseaux d'acier... et moi... je ne peux pas me voir, mais je le sens comme si je le faisais maintenant... je saisis brusquement les ciseaux, je les tiens serrés dans ma main... des lourds ciseaux fermés... je les tends la pointe en l'air vers le dossier d'un canapé recouvert d'une délicieuse soie à ramages[1], d'un bleu un peu fané, aux reflets satinés... et je dis en allemand... « *Ich werde es zerreissen.* »

— En allemand... Comment avais-tu pu si bien l'apprendre ?

— Oui, je me le demande... Mais ces paroles, je ne les ai jamais prononcées depuis... « *Ich werde es zerreissen* »... « Je vais le déchirer »... le mot « *zerreissen* » rend un son sifflant, féroce, dans une seconde quelque chose va se produire... je vais déchirer, saccager, détruire... ce sera une atteinte... un attentat... criminel... mais pas sanctionné comme il pourrait l'être, je sais qu'il n'y aura aucune punition... peut-être un blâme[2] léger, un air mécontent, un peu inquiet de mon père... Qu'est-ce que tu as fait, Tachok, qu'est-ce qui t'a pris ? et l'indignation de la jeune femme... mais une crainte me retient encore, plus forte que celle d'improbables, d'impensables sanctions, devant ce qui va

1. Tissu précieux décoré de dessins représentant des branchages.
2. Reproche.

arriver dans un instant… l'irréversible… l'impossible… ce qu'on ne fait jamais, ce qu'on ne peut pas faire, personne ne se le permet…

« *Ich werde es zerreissen.* » « Je vais le déchirer »… je vous en avertis, je vais franchir le pas, sauter hors de ce monde décent, habité, tiède et doux, je vais m'en arracher, tomber, choir dans l'inhabité, dans le vide…

« Je vais le déchirer »… il faut que je vous prévienne pour vous laisser le temps de m'en empêcher, de me retenir… « Je vais déchirer ça »… je vais le lui dire très fort… peut-être va-t-elle hausser les épaules, baisser la tête, abaisser sur son ouvrage un regard attentif… Qui prend au sérieux ces agaceries, ces taquineries d'enfant ?… et mes paroles vont voleter, se dissoudre, mon bras amolli va retomber, je reposerai les ciseaux à leur place, dans la corbeille…

Mais elle redresse la tête, elle me regarde tout droit et elle me dit en appuyant très fort sur chaque syllabe : « *Nein, das tust du nicht* »… « Non, tu ne feras pas ça »… exerçant une douce et ferme et insistante et inexorable[1] pression, celle que j'ai perçue plus tard dans les paroles, le ton des hypnotiseurs, des dresseurs…

« Non, tu ne feras pas ça… » dans ces mots un flot épais, lourd coule, ce qu'il charrie s'enfonce en moi pour écraser ce qui en moi remue, veut se dresser… et sous cette pression ça se redresse, se dresse plus fort, plus haut, ça pousse, projette violemment hors de moi les mots… « Si, je le ferai. »

« Non, tu ne feras pas ça… » les paroles m'entourent, m'enserrent, me ligotent, je me débats… « Si, je le ferai »… Voilà, je me libère, l'excitation, l'exaltation tend mon bras, j'enfonce la pointe des ciseaux de toutes mes forces, la soie cède, se déchire, je fends le dossier de haut en bas et je regarde ce qui en sort… quelque chose de mou, de grisâtre s'échappe par la fente…

© Éditions Gallimard.

[1]. À laquelle on ne peut échapper.

AMÉLIE NOTHOMB (née en 1966)
Métaphysique des tubes, 2000

Dans les premiers chapitres de ce récit fantasque, la narratrice évoque sa vie de nourrisson.

Au commencement il n'y avait rien. Et ce rien n'était ni vide ni vague : il n'appelait rien d'autre que lui-même. Et Dieu vit que cela était bon. Pour rien au monde il n'eût créé quoi que ce fût. Le rien faisait mieux que lui convenir : il le comblait.

Dieu avait les yeux perpétuellement ouverts et fixes. S'ils avaient été fermés, cela n'eût rien changé. Il n'y avait rien à voir et Dieu ne regardait rien. Il était plein et dense comme un œuf dur, dont il avait aussi la rondeur et l'immobilité.

Dieu était l'absolue satisfaction. Il ne voulait rien, n'attendait rien, ne percevait rien, ne refusait rien et ne s'intéressait à rien. La vie était à ce point plénitude qu'elle n'était pas la vie. Dieu ne vivait pas, il existait.

Son existence n'avait pas eu pour lui de début perceptible. Certains grands livres ont des premières phrases si peu tapageuses qu'on les oublie aussitôt et qu'on a l'impression d'être installé dans cette lecture depuis l'aube des temps. Semblablement, il était impossible de remarquer le moment où Dieu avait commencé à exister. C'était comme s'il avait existé depuis toujours.

Dieu n'avait pas de langage et il n'avait donc pas de pensée. Il était satiété[1] et éternité. Et tout ceci prouvait au plus haut point que Dieu était Dieu. Et cette évidence n'avait aucune importance, car Dieu se fichait éperdument d'être Dieu.

[1]. Tous ses désirs étaient comblés.

Amélie Nothomb, *Métaphysique des tubes*

Les yeux des êtres vivants possèdent la plus étonnante des propriétés : le regard. Il n'y a pas plus singulier. On ne dit pas des oreilles des créatures qu'elles ont un « écoutard », ni de leurs narines qu'elles ont un « sentard » ou un « reniflard ».

Qu'est-ce que le regard ? C'est inexprimable. Aucun mot ne peut approcher son essence[1] étrange. Et pourtant, le regard existe. Il y a même peu de réalités qui existent à ce point.

Quelle est la différence entre les yeux qui ont un regard et les yeux qui n'en ont pas ? Cette différence a un nom : c'est la vie. La vie commence là où commence le regard.

Dieu n'avait pas de regard.

Les seules occupations de Dieu étaient la déglutition, la digestion et, conséquence directe, l'excrétion. Ces activités végétatives passaient par le corps de Dieu sans qu'il s'en aperçoive. La nourriture, toujours la même, n'était pas assez excitante pour qu'il la remarque. Le statut de la boisson n'était pas différent. Dieu ouvrait tous les orifices nécessaires pour que les aliments solides et liquides le traversent.

C'est pourquoi, à ce stade de son développement, nous appellerons Dieu le tube.

Il y a une métaphysique[2] des tubes. Slawomir Mrozek[3] a écrit sur les tuyaux des propos dont on ne sait s'ils sont confondants de profondeur ou superbement désopilants[4]. Peut-être sont-ils tout cela à la fois : les tubes sont de singuliers mélanges de plein et de vide, de la matière creuse, une membrane d'existence protégeant un faisceau d'inexistence.

1. Sa nature.
2. Philosophie recherchant les principes.
3. Dessinateur satirique et dramaturge polonais (1930-2013) dont l'œuvre se rapproche du théâtre de l'absurde.
4. Risibles.

Le tuyau est la version flexible du tube : cette mollesse ne le rend pas moins énigmatique.

Dieu avait la souplesse du tuyau mais demeurait rigide et inerte, confirmant ainsi sa nature de tube. Il connaissait la sérénité absolue du cylindre. Il filtrait l'univers et ne retenait rien.

Les parents du tube étaient inquiets. Ils convoquèrent des médecins pour qu'ils se penchent sur le cas de ce segment de matière qui ne semblait pas vivre.

*

Les docteurs le manipulèrent, lui donnèrent des tapes sur certaines articulations pour voir s'il avait des mécanismes réflexes et constatèrent qu'il n'en avait pas. Les yeux du tube ne cillèrent pas quand les praticiens les examinèrent avec une lampe.

– Cet enfant ne pleure jamais, ne bouge jamais. Aucun son ne sort de sa bouche, dirent les parents.

Les médecins diagnostiquèrent une « apathie pathologique[1] », sans se rendre compte qu'il y avait là une contradiction dans les termes :

– Votre enfant est un légume. C'est très préoccupant.

Les parents furent soulagés par ce qu'ils prirent pour une bonne nouvelle. Un légume, c'était de la vie.

– Il faut l'hospitaliser, décrétèrent les docteurs.

Les parents ignorèrent cette injonction[2]. Ils avaient déjà deux enfants qui appartenaient à la race humaine : ils ne trouvaient pas inacceptable d'avoir, en surplus, de la progéniture végétale. Ils en étaient même presque attendris.

1. Absence totale d'énergie due à une maladie.
2. Cet ordre.

Amélie Nothomb, *Métaphysique des tubes*

Ils l'appelèrent gentiment « la Plante ».

En quoi tous se trompaient. Car les plantes, légumes compris, pour avoir une vie imperceptible à l'œil humain, n'en ont pas moins une vie. Elles frémissent à l'approche de l'orage, pleurent d'allégresse[1] au lever du jour, se blindent de mépris lorsqu'on les agresse et se livrent à la danse des sept voiles quand la saison est aux pollens. Elles ont un regard, c'est hors de doute, même si personne ne sait où sont leurs pupilles.

Le tube, lui, était passivité pure et simple. Rien ne l'affectait, ni les changements du climat, ni la tombée de la nuit, ni les cent petites émeutes du quotidien, ni les grands mystères indicibles[2] du silence.

Les tremblements de terre hebdomadaires du Kansai, qui faisaient pleurer d'angoisse ses deux aînés, n'avaient aucune emprise sur lui. L'échelle de Richter, c'était bon pour les autres. Un soir, un séisme de 5,6 ébranla la montagne où trônait la maison ; des plaques de plafond s'effondrèrent sur le berceau du tube. Quand on le dégagea, il était l'indifférence même : ses yeux fixaient sans les voir ces manants[3] venus le déranger sous les décombres où il était bien au chaud.

© Éditions Albin Michel.
Collection « Classiques & Contemporains », n° 111, Magnard.

1. De joie.
2. Inexplicables.
3. Hommes de condition inférieure.

Figures maternelles et paternelles

DRISS CHRAÏBI (1926-2007)
La Civilisation, ma Mère !..., 1972

Nagib, le frère du narrateur, a fait installer par des livreurs un énorme appareil dans la maison qu'ils partagent tous deux avec leur mère, une femme élevée dans le milieu traditionaliste marocain des années 1930.

Quand ils sont repartis, tous les voisins qui s'étaient massés dans la rue sont repartis avec eux. En tout cas, un silence de marée basse est tombé soudain sur le quartier. Nagib a remis la porte d'entrée sur ses gonds, a fait craquer ses doigts et nous a dit :
- Venez voir, mes agneaux, la splendeur des splendeurs.

Nous sommes montés et nous avons vu. Par terre, dans le salon, il y avait des planches, deux ou trois encore entières, les autres en éclats. Des morceaux de fil de fer, des clous tordus. Et au milieu de tout cela, quelque chose de noir, pesant, oblong[1], qui tenait du coffre et de l'armoire. Avec un cadran, deux boutons et une plaque de métal où était gravé en relief un mot que je ne comprenais pas : BLAUPUNKT.

Ma mère a considéré Nagib et il a levé les bras au ciel. Puis elle a considéré le meuble, longuement ; a tourné tout autour, les mains dans le dos ; a tapoté le cadran, tourné les boutons. Et comme le meuble ne réagissait pas, elle s'est arrêtée et m'a dit :
- Qu'est-ce que c'est, cette chose ?
- Blo Punn Kteu, ai-je répondu.

1. De forme allongée.

– Quoi ?
– Blo Punn Kteu.

Elle s'est mise tout de suite en colère, comme si le feu couvait depuis longtemps en elle.

– Quelqu'un dans cette maison veut-il m'expliquer de quoi il s'agit ?
– Ce qu'il a dit n'est pas tout à fait exact, a fait remarquer mon frère. Moi aussi, je sais lire. Il y a écrit : « Bla Upunn Kteu ».

Je me suis mis en colère à mon tour.

– Blo Punn Kteu !
– Non, monsieur, a dit Nagib. B-L-A, Bla, Upunn Kteu. C'est comme ça, mon petit !
– Seigneur Dieu ! s'est écriée ma mère en se tordant les mains. Qu'est-ce qu'ils racontent, ces monstres que j'ai mis au monde ! Allez-vous m'expliquer à la fin ?
– C'est la radio, a répondu Nagib. La radio, quoi !
– Mais qu'est-ce que c'est que cette « radio » dont j'entends parler depuis trois jours ? Radio… Blo… Bla Upunn… Radio… Kteu !…

Les yeux dans les yeux, Nagib et moi nous sommes regardés en frères et nous avons répondu d'une seule et même voix :

– C'est une boîte qui parle.
– Qui parle ? Une boîte qui parle ? Ah ça ! Vous me prenez pour une femme du Moyen Âge ou pour un haricot ? Vous osez vous moquer de votre mère ? Attendez un peu que je défasse ma ceinture.
– Elle est en soie, a dit Nagib. Elle ne ferait pas de mal à un ver de terre. Prends plutôt une de ces planches. Et tape si tu ne comprends pas. Mais auparavant, écoute-moi, petite mère : ceci est une boîte, je te l'assure, et une boîte qui parle.
– Mais-elle-ne-parle-pas !
– Elle va le faire. Elle va donner les nouvelles du monde entier, elle

va chanter, dire : « Au quatrième top, il sera exactement 10 heures 24 minutes 30 secondes. » Elle va rire, pleurer, raconter un tas d'histoires.

– Elle va faire tout ça ? Tu en es sûr ?

– Oui, madame.

– Mais… mais comment ?

De nouveau, nous nous sommes regardés, mon frère et moi. Et nous nous sommes compris. J'ai vu comme un doigt sur les yeux de Nagib me recommandant la plus grande prudence : « Chut ! tais-toi. Ne lui parle surtout pas de l'électricité, ça ferait des étincelles. » J'ai répondu très vite :

– Par magie.

– Ah bon ! a dit ma mère, soulagée et joyeuse tout à coup. Comme les fakirs et les charmeurs de serpents ?

– C'est ça. Parfaitement.

– Tu veux dire qu'un magicien va venir et animer cette grande boîte ?

Nagib l'a prise dans ses bras, lui a embrassé les mains, le front, les cheveux.

– C'est un magicien tellement magique que tu ne le verras même pas. Je t'en donne ma parole.

– Oh ! je suis contente… si contente…

Nous l'avons aidée à nettoyer le salon. Nous avons balayé et lavé l'escalier. Nagib est sorti au pas de course avec sa veste sous le bras, disant :

– Pouh ! C'est une vieille veste. Et d'ailleurs, il fait trop chaud. Je vais la troquer contre quelque chose.

Quand il est revenu, il avait un sac de plâtre sur le dos. Avec une cuiller en bois d'olivier, nous avons gâché[1] le plâtre et nous avons rebouché les trous dans le mur.

1. Mélangé.

Le soir, mon père bénit notre repas de viande froide, parla des philosophes grecs et des cours de Wall Street, ne fit aucune allusion à la radio et alla se coucher en fumant sa pipe.

Dans les jours qui suivirent, une demi-douzaine d'hommes envahirent la maison. Ils clouèrent, vrillèrent, vissèrent. Posèrent un compteur, dévidèrent des fils électriques, installèrent interrupteurs, douilles, lustres. Ma mère était comme agressée par ces allées et venues, ces voix sonores, ces coups de marteau. Toute la journée, elle était recluse dans sa cuisine, les lèvres scellées, préparant des plats et des litres de thé, pour nous et pour ceux qui travaillaient à « l'installation du magicien dans la maison ». Quand nous revenions de l'école, elle nous posait la même question :

– Ça y est ? Il est là ?

Et nous lui faisions la même réponse :

– Bientôt.

Elle n'était pas impatiente ou excitée. Non. C'était quelque chose d'autre qui n'appartenait qu'à elle : la patience et la foi. Une patience croyante, tassée, comprimée, devenant fébrile de jour en jour.

Ce vendredi-là, je m'en souviens très bien, avec tout mon passé aigu. L'horloge à poids du salon venait de sonner cinq heures de l'après-midi d'une voix rouillée. Nous nous déchaussâmes, Nagib et moi, dans le vestibule, posâmes nos cartables sur nos souliers et dîmes :

– Ça y est ! il est là.

Plus tard, beaucoup plus tard, j'ai fondé une famille, moi aussi, dans un pays que j'ai appris à aimer. L'un de mes enfants s'appelle Dominique, une fille de neuf ans. Si blonde qu'on ne voit pas ses cheveux dans le soleil, avec des yeux de myosotis[1], aussi immenses que ceux

1. Petite fleur bleu-violet.

de ma mère. Le soir, au lit, quand je lui raconte des histoires d'ogres et de fées, sur son visage c'est comme l'expression vivante de « La Mer » de Debussy, le flux et le reflux, le calme et la tempête. Ses yeux sont inondés de larmes et, l'instant d'après, c'est le printemps du sourire.

Cette pure émotion, couleur, odeur et substance de vérité, elle était là, sur le visage de ma mère quand Nagib lui a mis dans la main la poire électrique[1] pendant au-dessus de son lit et lui a dit :

– Allume. Presse sur le bouton. Vas-y !

Un moment, l'indécision a sauté dans ses yeux, d'un œil à l'autre, vélocement[2]. L'appréhension devant l'inconnu. La peur de faire apparaître un génie qu'elle ne pourrait plus contrôler. Mais j'ai vu ses dents : elle souriait. Un sourire qui était sûrement une invocation : « Au nom du Tout-Puissant, Maître de l'Univers ! » Puis elle a pressé sur le bouton de la poire – et la lumière fut dans la chambre, le soleil sur son visage.

Elle est restée là, considérant ce petit objet en bakélite[3] qu'elle tenait dans sa main et qui pouvait illuminer le monde. Et sa joie était mouvante, avait le friselis[4] de la mer quand la sillonne le premier rayon de l'aurore, de vague en vague, de l'horizon à l'horizon. Et j'aurais juré la voix d'une mouette quand elle s'est exclamée :

– Il est là !… Le magicien est venu !

– Éteins maintenant, a dit Nagib en éclatant de rire.

– Quoi ?

– Presse de nouveau sur le bouton.

Machinalement elle a obéi et, sans transition aucune, elle fut la nuit.

1. L'interrupteur en forme de poire suspendu à un fil.
2. Rapidement.
3. Plastique.
4. Léger mouvement accompagné d'un murmure.

La détresse. Comme si tous les nerfs de son visage, sous la peau, eussent été tranchés d'un seul coup.
— Oh ! il est parti, dit-elle d'une petite voix désolée. Il est parti !
— Allume et il reviendra. Vas-y, n'aie pas peur.

L'après-midi touchait à sa fin, l'horloge avait tambouriné les heures, les cris vespéraux[1] des mendiants montaient vers le ciel, aussi ardents[2] que l'appel à la prière — elle était toujours là, à la même place, debout et passionnée, pressant toutes les deux secondes sur la poire électrique et répétant comme un disque rayé ;
— Allume-éteins !... Allume-éteins !... Allume-éteins !...
— Et maintenant, conclut Nagib en faisant craquer ses doigts, si on allait voir cette radio ? hein ?
— Attends.

D'un bond, elle fut dehors, courut de chambre en chambre, alluma toutes les ampoules, les abat-jour, les lustres. Les éteignit. Les ralluma. Battant des mains, dansant à pieds joints.
— Allume-éteins !... Allume-éteins !...
— Allons, viens voir la radio.

Elle alla d'abord revêtir sa robe d'apparat, brodée et raide de fils d'or, se parfuma au jasmin et, quand elle entra dans le salon, ce fut comme si elle le voyait pour la première fois de sa vie. S'assit sur les talons, les aisselles sur les genoux et le menton dans ses mains, dans l'attitude qui lui était familière, faite de gravité et d'incompréhension totale, lorsque mon père entreprenait de lui expliquer, preuves en main, la différence entre une pièce de monnaie et un billet de banque.

Nagib tourna les boutons du récepteur, régla le volume, une voix hurla :

1. Du soir.
2. Impatients.

— Blé dur 180, blé tendre 213, fenugrec[1] 31, millet 20.

Suivit une musiquette. J'en profitai pour demander à ma mère :

— Eh bien, qu'en penses-tu ?

Si elle pensait quoi que ce fût, elle ne m'en dit rien. Ne bougea pas, ne m'entendit même pas. Le rêve l'habitait à présent, coulait dans ses veines, avait la fixité de son regard.

— Et maintenant, mes chers auditeurs, voici notre bulletin météorologique. Une zone de haute pression venant des îles Canaries se dirige vers le sud de notre pays... Températures relevées sous abri à 16 heures : Fès 28, Casablanca 29, Marrakech 34...

Nagib me fit un clin d'œil et nous quittâmes le salon sur la pointe des pieds. Sans un mot, nous fîmes nos devoirs, puis une partie amicale de poker qui se termina par une bagarre de muets. Comme mon père était en voyage, nous fîmes également un dîner improvisé dans la cuisine : du pain d'orge et du miel pour mon frère, des œufs coulants pour moi. Deux ou trois fois, Nagib monta, brandissant un gigot de mouton comme une massue. Et, chaque fois qu'il redescendait, il secouait la tête : « Chut ! elle écoute le sermon du vendredi... Elle est au théâtre... Au concert... »

— Elle a mangé ?

— Non, c'est moi. Un coup de dents en passant. Ce serait malheureux de perdre cette belle viande, hein ?

À minuit, la voix radiophonique dit :

— Bonsoir, mesdames... Bonsoir, messieurs. (Et se tut.)

— Bonsoir, monsieur le magicien, lui répondit ma mère. Dors bien, fais de beaux rêves.

— Pas de puces, pas de punaises, ajouta Nagib. Et maintenant, maman, tu veux manger quelque chose ? Il y a encore pas mal de viande

1. Plante légumineuse.

Driss Chraïbi, *La Civilisation, ma Mère !...*

sur cet os. Ou je te fais six œufs sur le plat avec des cornichons comme tu les aimes ? Hein, petite maman ?

– Baisse la voix, idiot ! Tu vas le réveiller. Tu ne l'entends pas ronfler, le pauvre ?

C'était vrai : la radio ronflait. Je coupai le courant.

C'est ainsi que le « magicien » s'installa dans la maison et l'anima du matin au soir. Déclamant, chantant, criant, riant. Ma mère était persuadée qu'il s'agissait d'un être vivant, en chair et en os, une sorte d'érudit[1] doublé d'un devin qui avait beaucoup voyagé, beaucoup appris et, tel Diogène, se cachait dans une caisse à l'abri des horreurs de ce monde. Afin de nous départager, elle l'appela Monsieur Kteu. D'ailleurs, elle n'eût pas su prononcer d'un jet son nom en entier ; Monsieur Blo Punn Kteu – encore moins Bla Upunn Kteu.

Elle dialoguait avec lui, l'approuvait, n'hésitait pas à l'interrompre :

– Comment dites-vous, Monsieur Kteu ? Voulez-vous répéter, s'il vous plaît ? Je n'ai pas bien entendu... Oh ! Non, Monsieur Kteu, là vous vous trompez. On vous a mal renseigné : je vous assure qu'aujourd'hui il n'a pas plu du tout... Mais vous ne pouvez pas être partout à la fois, n'est-ce pas ?

Monsieur Kteu devint pour elle l'homme qu'elle avait toujours attendu : le père qu'elle n'avait jamais connu, le mari qui lui récitait des poèmes d'amour, l'ami qui la conseillait et lui parlait de ce monde extérieur dont elle n'avait nulle connaissance. Quand vint la Seconde Guerre mondiale, elle était là, fidèle au poste. Attentive à toutes les souffrances, comptant les coups, à traits de crayon gras sur sa planche à lessive. J'étais au lycée où j'étudiais l'humanisme et les humanités. Elle était là, dans cette maison-tombeau, apprenant la vie.

1. De savant.

— Ce n'est pas vrai, Monsieur Kteu, disait-elle. Il ne faut pas croire tout ce que dit ce Monsieur Hitler. Il n'a pas pu couler deux mille huit cent quatre-vingt-quatre bateaux en un mois. Ce n'est pas possible.

Monsieur Kteu ne l'entendait pas. Il n'avait pas le temps. Il était lancé comme un speaker payé au cachet[1], aboyait des communiqués de guerre, rendait compte de toutes les batailles sur fond de marches triomphantes.

— Reposez-vous maintenant, lui disait tendrement ma mère. Vous en avez assez fait pour aujourd'hui. C'est une bénédiction du ciel que vous n'ayez pas attrapé une balle perdue.

Et elle éteignait le poste, apportait – oui, elle apportait à Monsieur Kteu à boire et à manger. Le lendemain matin, les plats étaient vides et elle était heureuse. C'était Nagib. Il se levait la nuit et se dévouait. Il devint de plus en plus grand et fort. Il ne fallait pas briser le rêve de notre mère.

© Éditions Denoël, 1972, 1983.

1. À chaque présentation.

ANNIE ERNAUX (née en 1940)
La Place, 1983

Les parents de l'auteur, issus d'un milieu ouvrier peu cultivé, louent, puis achètent un café-épicerie dans une petite ville de province.

On avait tout *ce qu'il faut*, c'est-à-dire qu'on mangeait à notre faim (preuve, l'achat de viande à la boucherie quatre fois par semaine), on avait chaud dans la cuisine et le café, seules pièces où l'on vivait. Deux tenues, l'une pour le tous-les-jours, l'autre pour le dimanche (la première usée, on *dépassait* celle du dimanche au tous-les-jours). J'avais *deux* blouses d'école. *La gosse n'est privée de rien.* Au pensionnat, on ne pouvait pas dire que j'avais *moins bien que les autres*, j'avais *autant* que les filles de cultivateur ou de pharmacien en poupées, gommes et taille-crayons, chaussures d'hiver fourrées, chapelet[1] et missel vespéral romain[2].

Ils ont pu embellir la maison, supprimant ce qui rappelait l'ancien temps, les poutres apparentes, la cheminée, les tables en bois et les chaises de paille. Avec son papier à fleurs, son comptoir peint et brillant, les tables et guéridons en simili-marbre, le café est devenu propre et gai. Du balatum[3] à grands damiers jaunes et bruns a recouvert le parquet des chambres. La seule contrariété longtemps, la façade en colombage[4], à raies blanches et noires, dont le ravalement en crépi était au-dessus de leurs moyens. En passant, l'une de mes institutrices a dit une fois que la maison était jolie, une vraie maison normande. Mon père a cru qu'elle

1. Collier de perles utilisé pour réciter les prières.
2. Livre de textes religieux.
3. Matériau synthétique résistant et décoratif.
4. Poutres apparentes entrant dans la fabrication des murs de torchis traditionnels.

parlait ainsi par politesse. Ceux qui admiraient nos vieilles choses, la pompe à eau dans la cour, le colombage normand, voulaient sûrement nous empêcher de posséder ce qu'ils possédaient déjà, eux, de moderne, l'eau sur l'évier et un pavillon blanc.

Il a emprunté pour devenir propriétaire des murs et du terrain. Personne dans la famille ne l'avait jamais été.

Sous le bonheur, la crispation de l'aisance gagnée à l'arraché[1]. *Je n'ai pas quatre bras. Même pas une minute pour aller au petit endroit. La grippe, moi, je la fais en marchant.* Etc. Chant quotidien.

Comment décrire la vision d'un monde où tout *coûte cher*. Il y a l'odeur de linge frais d'un matin d'octobre, la dernière chanson du poste qui bruit dans la tête. Soudain, ma robe s'accroche par la poche à la poignée du vélo, se déchire. Le drame, les cris, la journée est finie. « Cette gosse ne *compte* rien ! »

Sacralisation obligée des choses. Et sous toutes les paroles, des uns et des autres, les miennes, soupçonner des envies et des comparaisons. Quand je disais, « il y a une fille qui a visité les châteaux de la Loire », aussitôt, fâchés, « Tu as bien le temps d'y aller. Sois heureuse avec ce que tu as. » Un manque continuel, sans fond.

Mais désirer pour désirer, car ne pas savoir au fond ce qui est beau, ce qu'il faudrait aimer. Mon père s'en est toujours remis aux conseils du peintre, du menuisier, pour les couleurs et les formes, *ce qui se fait*. Ignorer jusqu'à l'idée qu'on puisse s'entourer d'objets choisis un par un. Dans leur chambre, aucune décoration, juste des photos encadrées, des napperons fabriqués pour la fête des mères, et sur la cheminée, un grand

1. D'une vie meilleure gagnée grâce au travail.

buste d'enfant en céramique, que le marchand de meubles avait joint en prime pour l'achat d'un cosy-corner[1].

Leitmotiv[2], *il ne faut pas péter plus haut qu'on l'a.*

La peur d'être *déplacé*, d'avoir honte. Un jour, il est monté par erreur en première avec un billet de seconde. Le contrôleur lui a fait payer le supplément. Autre souvenir de honte : chez le notaire, il a dû écrire le premier « lu et approuvé », il ne savait pas comment orthographier, il a choisi « à prouver ». Gêne, obsession de cette faute, sur la route du retour. L'ombre de l'indignité.

Dans les films comiques de cette époque, on voyait beaucoup de héros naïfs et paysans se comporter de travers à la ville ou dans les milieux mondains (rôles de Bourvil). On riait aux larmes des bêtises qu'ils disaient, des impairs[3] qu'ils osaient commettre, et qui figuraient ceux qu'on craignait de commettre soi-même. Une fois, j'ai lu que Bécassine en apprentissage, ayant à broder un oiseau sur un bavoir, et sur les autres *idem*, broda *idem* au point de bourdon[4]. Je n'étais pas sûre que je n'aurais pas brodé *idem*.

Devant les personnes qu'il jugeait importantes, il avait une raideur timide, ne posant jamais aucune question. Bref, se comportant avec intelligence. Celle-ci consistait à percevoir notre infériorité et à la refuser en la cachant du mieux possible. Toute une soirée à nous demander ce que la directrice avait bien pu vouloir dire par : « Pour ce rôle, votre petite fille sera en *costume de ville*. » Honte d'ignorer ce qu'on aurait forcément su si nous n'avions pas été ce que nous étions, c'est-à-dire inférieurs.

1. Meuble entourant l'angle d'un lit.
2. Formule répétée sans cesse.
3. Erreurs.
4. Point de broderie.

Obsession : « *Qu'est-ce qu'on va penser de nous ?* » (les voisins, les clients, tout le monde).

Règle : déjouer constamment le regard critique des autres, par la politesse, l'absence d'opinion, une attention minutieuse aux humeurs qui risquent de vous atteindre. Il ne regardait pas les légumes d'un jardin que le propriétaire était en train de bêcher, à moins d'y être convié par un signe, sourire ou petit mot. Jamais de visite, même à un malade en clinique, sans être invité. Aucune question où se dévoileraient une curiosité, une envie qui donnent barre[1] à l'interlocuteur sur nous. Phrase interdite : « Combien vous avez payé ça ? »

Je dis souvent « nous » maintenant, parce que j'ai longtemps pensé de cette façon et je ne sais pas quand j'ai cessé de le faire.

Le patois avait été l'unique langue de mes grands-parents.

Il se trouve des gens pour apprécier le « pittoresque du patois » et du français populaire. Ainsi Proust relevait avec ravissement les incorrections et les mots anciens de Françoise. Seule l'esthétique lui importe parce que Françoise est sa bonne et non sa mère. Que lui-même n'a jamais senti ces tournures lui venir aux lèvres spontanément.

Pour mon père, le patois était quelque chose de vieux et de laid, un signe d'infériorité. Il était fier d'avoir pu s'en débarrasser en partie, même si son français n'était pas bon, c'était du français. Aux kermesses d'Y..., des forts en bagout[2], costumés à la normande, faisaient des sketches en patois, le public riait. Le journal local avait une chronique normande pour amuser les lecteurs. Quand le médecin ou n'importe

1. Donnent l'avantage.
2. Des gens parlant avec facilité.

qui de *haut placé* glissait une expression cauchoise[1] dans la conversation comme « elle pète par la sente » au lieu de « elle va bien », mon père répétait la phrase du docteur à ma mère avec satisfaction, heureux de croire que ces gens-là, pourtant si chics, avaient encore quelque chose de commun avec nous, une petite infériorité. Il était persuadé que cela leur avait échappé. Car il lui a toujours paru impossible que l'on puisse parler « bien » naturellement. Toubib ou curé, il fallait se forcer, s'écouter, quitte chez soi à se laisser aller.

Bavard au café, en famille, devant les gens qui parlaient bien il se taisait, ou il s'arrêtait au milieu d'une phrase, disant « n'est-ce pas » ou simplement « pas » avec un geste de la main pour inviter la personne à comprendre et à poursuivre à sa place. Toujours parler avec précaution, peur indicible du mot de travers, d'aussi mauvais effet que de lâcher un pet.

Mais il détestait aussi les grandes phrases et les expressions nouvelles qui ne « voulaient rien dire ». Tout le monde à un moment disait : « Sûrement pas » à tout bout de champ, il ne comprenait pas qu'on dise deux mots se contredisant. À l'inverse de ma mère, soucieuse de faire évoluée, qui osait expérimenter, avec un rien d'incertitude, ce qu'elle venait d'entendre ou de lire, il se refusait à employer un vocabulaire qui n'était pas le sien.

Enfant, quand je m'efforçais de m'exprimer dans un langage châtié[2], j'avais l'impression de me jeter dans le vide.

Une de mes frayeurs imaginaires, avoir un père instituteur qui m'aurait obligée à bien parler sans arrêt, en détachant les mots. On parlait avec toute la bouche.

1. Propre à la région de Caux, en Normandie.
2. Poli.

Puisque la maîtresse me « reprenait », plus tard j'ai voulu reprendre mon père, lui annoncer que « se parterrer » ou « quart moins d'onze heures » n'*existaient pas*. Il est entré dans une violente colère. Une autre fois : « Comment voulez-vous que je ne me fasse pas reprendre, si vous parlez mal tout le temps ! » Je pleurais. Il était malheureux. Tout ce qui touche au langage est dans mon souvenir motif de rancœur et de chicanes douloureuses[1], bien plus que l'argent.

© Éditions Gallimard.

1. D'amertume et de difficultés.

L'enfance déracinée

ALBERT COHEN (1895-1981)
Le Livre de ma mère, 1954

Quelques années après la disparition de sa mère, Albert Cohen évoque ses souvenirs, et notamment son éducation chez les sœurs catholiques.

Pleurer sa mère, c'est pleurer son enfance. L'homme veut son enfance, veut la ravoir, et s'il aime davantage sa mère à mesure qu'il avance en âge, c'est parce que sa mère, c'est son enfance. J'ai été un enfant, je ne le suis plus et je n'en reviens pas. Soudain, je me rappelle notre arrivée à Marseille. J'avais cinq ans. En descendant du bateau, accroché à la jupe de Maman coiffée d'un canotier orné de cerises, je fus effrayé par les trams, ces voitures qui marchaient toutes seules. Je me rassurai en pensant qu'un cheval devait être caché dedans.

Nous ne connaissions personne à Marseille où, de notre île grecque de Corfou, nous avions débarqué comme en rêve, mon père, ma mère et moi, comme en un rêve absurde, un peu bouffon. Pourquoi Marseille ? Le chef de l'expédition lui-même n'en savait rien. Il avait entendu dire que Marseille était une grande ville. La première action d'éclat de mon pauvre père fut, quelques jours après notre arrivée, de se faire escroquer totalement par un homme d'affaires tout blond et dont le nez n'était pas crochu. Je revois mes parents qui pleuraient dans la chambre d'hôtel, assis sur le rebord du lit. Les larmes de Maman tombaient sur le canotier à cerises, posé sur ses genoux. Je pleurais aussi, sans comprendre ce qui était arrivé.

Peu après notre débarquement, mon père m'avait déposé, épouvanté et ahuri, car je ne savais pas un mot de français, dans une petite école de sœurs catholiques. J'y restais du matin au soir, tandis que mes parents essayaient de gagner leur vie dans ce vaste monde effrayant. Parfois, ils devaient partir si tôt le matin qu'ils n'osaient pas me réveiller. Alors, lorsque le réveil sonnait à sept heures, je découvrais le café au lait entouré de flanelles[1] par ma mère qui avait trouvé le temps, à cinq heures du matin, de me faire un petit dessin rassurant qui remplaçait son baiser et qui était posé contre la tasse. J'en revois de ces dessins : un bateau transportant le petit Albert, minuscule à côté d'un gigantesque nougat tout pour lui ; un éléphant appelé Guillaume, transportant sa petite amie, une fourmi qui répondait au doux nom de Nastrine ; un petit hippopotame qui ne voulait pas finir sa soupe ; un poussin de vague aspect rabbinique[2] qui jouait avec un lion. Ces jours-là, je déjeunais seul, devant la photographie de Maman qu'elle avait mise aussi près de la tasse pour me tenir compagnie. Je déjeunais en pensant au joli Paul qui était mon idéal, mon ami intime, à telles enseignes[3] que, lui ayant demandé de venir un jeudi à la maison, je lui avais donné avec enthousiasme tous nos couverts d'argent qu'il avait froidement acceptés. Ou bien je me racontais des aventures et comme quoi je sauvais la France en galopant à la tête d'un régiment. Je me revois coupant le pain tout en sortant consciencieusement la langue, ce qui me paraissait indispensable à une coupe nette. Je me rappelle qu'en quittant l'appartement je fermais la porte au lasso. J'avais cinq ou six ans et j'étais de très petite taille. Le pommeau de la porte étant très haut placé, je sortais une ficelle

1. Morceaux de tissu conservant la chaleur.
2. Qui ressemblait vaguement à un rabbin.
3. À tel point.

Albert Cohen, *Le Livre de ma mère*

de ma poche, je visais le pommeau en fermant un œil et, lorsque j'avais attrapé la boule de porcelaine, je tirais à moi. Comme mes parents me l'avaient recommandé, je frappais ensuite plusieurs fois contre la porte pour voir si elle était bien fermée. Ce tic m'est resté.

À l'école des sœurs catholiques, l'enseignement était gratuit. Il y avait deux menus à midi, le menu à un sou pour pauvres, du riz, et le menu à trois sous pour riches, du riz et une minuscule saucisse. Je regardais de loin le menu pour riches que je ne pouvais dévorer que des yeux. Quand j'avais trois sous, c'était Paul, nature de froid séducteur, qui dégustait le repas des riches.

Je me rappelle qu'en cette école des sœurs catholiques, la Mère Supérieure, toujours armée de grandes castagnettes disciplinaires qui rythmaient nos malingres[1] défilés dans les couloirs phéniqués[2] et qu'on appelait des claquoirs, soupirait parfois de regret en considérant le joli enfant que j'étais, attentif à préparer la charpie[3] d'hôpital qui constituait notre principale matière d'enseignement, ou absorbé à se fabriquer d'immondes truffes. Ces truffes, je les obtenais en laissant fondre deux barres de chocolat Menier dans ma main bien fermée. Et je secouais idiotement cette main pour favoriser censément[4] l'opération, dont l'issue était une ignoble pâtée qui finissait par camoufler de stries brunes mon visage et mon costume, une crétine bouillie que je partageais avec mes condisciples admiratifs qui venaient la brouter dans ma main et que nous baptisions « Délices de Monseigneur l'Évêque ». Oui, la Mère Supérieure, pour laquelle je nourrissais une respectueuse flamme[5],

1. Maigres et semblant en mauvaise santé.
2. Sentant le phénol, un puissant désinfectant.
3. Les morceaux de tissus servant à la fabrication des pansements.
4. Soi-disant.
5. Un amour teinté de respect.

soupirait en regardant mes boucles noires et murmurait parfois :
70 « Comme c'est dommage », faisant ainsi allusion à mon origine juive.

J'étais paradoxalement le préféré des douces sœurs catholiques. Elles me donnaient des leçons de maintien, me recommandaient d'avoir une contenance modeste et de ne jamais balancer mes bras dans la rue, comme un mondain. Tout persuadé et admiratif, bien décidé à ne
75 pas pactiser avec le Malin, orné d'un immense nœud lavallière qui me couvre maintenant de confusion, je me faisais un devoir de marcher dans la rue comme les bonnes sœurs me recommandaient, c'est-à-dire les mains dévotement jointes et, vrai petit crétin, les yeux baissés comme en perpétuelle prière. Ce qui avait pour résultat de me faire, tout confit,
80 constamment bousculer par des passants ou encore de me faire railler et traiter de calotin par les vilains de l'école laïque qui me lançaient des pierres, reçues par moi en martyr de mes chères sœurs catholiques à qui leur Albert envoie aujourd'hui un tendre et respectueux salut.

© Éditions Gallimard.

ROMAIN GARY (1914-1980)
La Promesse de l'aube, 1960

Romain Gary grandit en Pologne avant que sa mère, qui l'élève seule et lui promet un grand destin, décide que son avenir aurait un lien avec la France. Elle l'initie donc à la culture française.

CHAPITRE XIII

[…]

Forcée ainsi à admettre que je ne manifestais aucune disposition spéciale, ni talent caché, ma mère finit par conclure, comme tant d'autres mères avant elle, qu'il ne me restait plus qu'une solution : la diplomatie[1]. Une fois cette idée ancrée dans son esprit, elle se ragaillardit considérablement. Cependant, comme il me fallait toujours ce qu'il y avait de plus beau au monde, il fallait que je devinsse ambassadeur de France – elle n'était pas disposée à prendre moins.

L'amour, l'adoration, je devrais dire, de ma mère, pour la France, a toujours été pour moi une source considérable d'étonnement. Qu'on me comprenne bien. J'ai toujours été moi-même un grand francophile. Mais je n'y suis pour rien : j'ai été élevé ainsi. Essayez donc d'écouter, enfant, dans les forêts lituaniennes, les légendes françaises ; regardez un pays que vous ne connaissez pas dans les yeux de votre mère, apprenez-le dans son sourire et dans sa voix émerveillée ; écoutez, le soir, au coin du feu où chantent les bûches, alors que la neige, dehors, fait le silence autour de vous, écoutez la France qui vous est contée comme *Le Chat botté* ; ouvrez de grands yeux devant chaque bergère et entendez des voix ; annoncez à vos soldats de plomb que du haut de ces pyramides

[1]. Une carrière dans la politique internationale.

quarante siècles les contemplent ; coiffez-vous d'un bicorne en papier et prenez la Bastille, donnez la liberté au monde en abattant avec votre sabre de bois les chardons et les orties ; apprenez à lire dans les fables de La Fontaine – et essayez ensuite, à l'âge d'homme, de vous en débarrasser. Même un séjour prolongé en France ne vous y aidera pas.

Il va sans dire qu'un jour vint où cette image hautement théorique de la France vue de la forêt lituanienne, se heurta violemment à la réalité tumultueuse et contradictoire de mon pays : mais il était déjà trop tard, beaucoup trop tard : j'étais né.

Dans toute mon existence, je n'ai entendu que deux êtres parler de la France avec le même accent : ma mère et le général de Gaulle. Ils étaient fort dissemblables, physiquement et autrement. Mais lorsque j'entendis l'appel du 18 juin, ce fut autant à la voix de la vieille dame qui vendait des chapeaux[1] au 16 de la rue de la Grande-Pohulanka à Wilno, qu'à celle du Général que je répondis sans hésiter.

Dès l'âge de huit ans, surtout lorsque les choses allaient mal – et elles allèrent mal, très rapidement – ma mère venait s'asseoir en face de moi, le visage fatigué, les yeux traqués, me regardait longuement, avec une admiration et une fierté sans limites, puis se levait, prenait ma tête entre ses mains, comme pour mieux voir chaque détail de mon visage, et me disait :

– Tu seras ambassadeur de France, c'est ta mère qui te le dit.

Tout de même, il y a une chose qui m'intrigue un peu. Pourquoi ne m'avait-elle pas fait président de la République, pendant qu'elle y était ? Peut-être y avait-il, malgré tout, chez elle, plus de réserve, plus de retenue, que je ne lui en accordais. Peut-être considérait-elle, aussi, que dans l'univers d'Anna Karénine et des officiers de la Garde, un président

1. Le narrateur désigne ici sa mère, qui a fait toutes sortes de métiers, dont celui-ci.

de la République, ce n'était pas tout à fait du « beau monde », et qu'un ambassadeur en grand uniforme, ça faisait plus distingué.

J'allais parfois me cacher dans mon refuge de bûches parfumées, je songeais à tout ce que ma mère attendait de moi, et je me mettais à pleurer, longuement, silencieusement : je ne voyais pas du tout comment j'allais pouvoir me retourner.

Je revenais ensuite à la maison, le cœur gros, et j'apprenais encore une fable de La Fontaine : c'était tout ce que je pouvais faire pour elle.

[…]

Ma culture générale d'homme du monde n'était pas négligée. Ma mère me donna lecture à haute voix de *La Dame aux camélias*[1] et lorsque ses yeux se mouillaient, sa voix se brisait et qu'elle était obligée de s'interrompre, je sais bien, aujourd'hui, qui était Armand[2], dans son esprit. Parmi les autres lectures édifiantes[3] qui me furent ainsi faites, toujours avec un bel accent russe, je me souviens surtout de MM. Déroulède[4], Béranger[5] et Victor Hugo ; elle ne se bornait pas à me lire les poèmes, mais, fidèle à son passé d'« artiste dramatique », elle me les déclamait, debout dans le salon, sous le lustre étincelant, avec geste et sentiment ; je me souviens, notamment, d'un certain *Waterloo, Waterloo, Waterloo, morne plaine*, qui m'avait vraiment effrayé : assis sur le bord de ma chaise, j'écoutais ma mère déclamer, debout devant moi, le livre de poèmes à la main, un bras levé ; j'avais froid dans le dos devant un tel pouvoir d'évocation ; les yeux agrandis, les genoux serrés, je regardais la

1. Roman écrit par Alexandre Dumas fils en 1848.
2. Armand Duval, le narrateur de *La Dame aux camélias,* jeune bourgeois amoureux d'une courtisane ; il est probable que la mère du narrateur l'identifie à son propre amant.
3. Exemplaires.
4. Homme de lettres français (1846-1914).
5. Chansonnier français (1780-1857).

morne plaine, et je suis sûr que Napoléon lui-même eût été vivement impressionné, s'il se fût trouvé là.

Une autre partie importante de mon éducation française fut, naturellement, *La Marseillaise*. Nous la chantions ensemble, ma mère assise au piano, moi, debout devant elle, une main sur le cœur, l'autre tendue vers la barricade, nous regardant dans les yeux ; lorsque nous en venions à « Aux armes, citoyens ! », ma mère abattait ses deux mains avec violence sur le clavier et je brandissais le poing d'un air menaçant ; parvenus au « Qu'un sang impur abreuve nos sillons », ma mère, après avoir frappé un dernier coup sur le clavier, demeurait immobile, les deux mains suspendues dans les airs, et moi, frappant du pied, l'air implacable et résolu, j'imitais son geste, les poings fermés, la tête rejetée en arrière – et nous restions ainsi figés un moment, jusqu'à ce que les derniers accords eussent fini de vibrer dans le salon.

CHAPITRE XIV

[...]

Je continuais à réciter les fables de La Fontaine, les poèmes de Déroulède et de Béranger, et à lire un ouvrage intitulé *Scènes édifiantes de la vie des grands hommes*, un gros volume à couverture bleue, ornée d'une gravure dorée représentant le naufrage de Paul et Virginie[1]. Ma mère adorait l'histoire de Paul et Virginie, qu'elle trouvait particulièrement exemplaire. Elle me relisait souvent le passage émouvant où Virginie préfère se noyer plutôt que d'enlever sa robe. Ma mère reniflait toujours avec satisfaction, chaque fois qu'elle finissait cette lecture.

1. Personnages principaux du roman éponyme de Bernardin de Saint-Pierre paru en 1789.

J'écoutais attentivement, mais j'étais déjà très sceptique[1] là-dessus. Je croyais que Paul n'avait pas su s'y prendre et voilà tout.

Pour m'apprendre à tenir mon rang avec dignité, je fus également invité à étudier un gros volume intitulé *Vies de Français illustres* ; ma mère m'en donnait elle-même lecture à haute voix, et après avoir évoqué quelque exploit admirable de Pasteur, Jeanne d'Arc et Roland de Roncevaux, elle me jetait un long regard chargé d'espoir et de tendresse, le livre posé sur les genoux. Je ne l'ai vue se révolter qu'une fois, son âme russe reprenant le dessus, devant les corrections inattendues que les auteurs apportaient à l'Histoire. Ils décrivaient, notamment, la bataille de Borodino[2] comme une victoire française, et ma mère, après avoir lu ce paragraphe, est restée un moment décontenancée, avant de dire en fermant le volume et sur un ton scandalisé :

– Ce n'est pas vrai. Borodino a été une grande victoire russe. Il ne faut pas exagérer.

Par contre, rien ne m'empêchait d'admirer Jeanne d'Arc et Pasteur, Victor Hugo et Saint Louis, le Roi-Soleil et la Révolution – je dois dire que, dans cet univers entièrement louable qu'était pour ma mère la France, tout était uni dans la même approbation et, mettant tranquillement dans le même panier la tête de Marie-Antoinette et celle de Robespierre, Charlotte Corday et Marat, Napoléon et le duc d'Enghien, elle me présentait le tout avec un sourire heureux.

Je mis longtemps à me débarrasser de ces images d'Épinal et à choisir entre les cent visages de la France celui qui me paraissait le plus digne d'être aimé ; ce refus de discriminer, cette absence, chez moi, de haine, de colère, de rancune, de souvenir, ont pendant longtemps été ce qu'il

[1]. En proie à de grands doutes.
[2]. Bataille ayant opposé, près de Moscou, Napoléon I[er] à l'armée russe en 1812.

y avait en moi de plus typiquement non français ; je dus attendre l'âge d'homme pour parvenir à me dépêtrer enfin de ma francophilie ; ce fut seulement aux environs des années 1935, et surtout, au moment de Munich, que je me sentis gagné peu à peu par la fureur, l'exaspération, le dégoût, la foi, le cynisme[1], la confiance et l'envie de tout casser, et que je laissai enfin, une fois pour toutes, derrière moi, le conte de nourrice, pour aborder une fraternelle et difficile réalité.

En dehors de cette haute formation morale et spirituelle que je recevais et dont je devais avoir, plus tard, tant de mal à me débarrasser, rien de ce qui peut étendre le champ d'expérience d'un homme du monde n'était omis ni négligé dans mon éducation.

Dès que, venant de Varsovie, une tournée théâtrale arrivait dans notre province, un fiacre était commandé et ma mère, très belle et souriante, sous l'immense chapeau tout neuf, me conduisait à une représentation de *La Veuve joyeuse*, de *La Dame de chez Maxim's*, ou quelque autre *Can-Can de Paris*, et moi, chemise de soie, costume de velours noir, une lorgnette de théâtre pressée contre mon nez, je regardais, béat, les scènes de ma vie future, lorsque, brillant diplomate, je boirais le champagne dans les souliers des belles dames, dans les cabinets particuliers, au bord du Danube, ou lorsque le Gouvernement me confierait la mission de séduire la femme du prince régnant, afin d'empêcher l'alliance militaire qui se préparait contre nous.

Pour m'aider à me familiariser avec mon avenir, ma mère revenait souvent de ses courses chez les brocanteurs avec de vieilles cartes postales de ces hauts lieux qui m'attendaient.

Je connus ainsi très tôt l'intérieur de chez Maxim's, et il fut entendu entre nous que j'y mènerais ma mère à la première occasion. Elle y

1. Mépris des idées reçues et de l'hypocrisie.

Romain Gary, *La Promesse de l'aube*

tenait beaucoup. Elle y avait dîné, en tout bien, tout honneur, m'avait-elle expliqué à plusieurs reprises, au cours d'un voyage qu'elle avait fait à Paris, avant la guerre de 14.

Ma mère choisissait de préférence les cartes postales représentant des parades militaires, avec de beaux officiers à cheval, sabre au clair, passant la revue ; celles des ambassadeurs illustres, en uniformes de gala, celles des grandes personnalités féminines de l'époque, Cléo de Mérode, Sarah Bernhardt, Yvette Guilbert – je me souviens que, devant la carte postale où figurait quelque évêque coiffé de sa mitre[1] et vêtu de violet, elle avait dit, avec approbation : « Ces gens-là s'habillent très bien » – et, naturellement, toutes les cartes reproduisant « les Français illustres » – sauf, bien entendu, ceux qui, tout en ayant accédé à la gloire posthume, n'avaient pas entièrement réussi de leur vivant. C'est ainsi que la carte postale représentant l'Aiglon[2], après avoir trouvé, je ne sais comment, le chemin de l'album, en fut promptement enlevée, avec cette simple réflexion qu'« il était tuberculeux » – je ne sais si ma mère craignait ainsi la contagion, ou si le sort du roi de Rome ne lui paraissait pas un exemple à suivre. Les peintres géniaux, mais ayant connu la misère, les poètes maudits – Baudelaire, en particulier – et les musiciens au destin tragique étaient soigneusement bannis de la collection, car, selon l'expression anglaise connue, ma mère *would stand no nonsense*[3] : le succès était quelque chose qui devait vous arriver de votre vivant. La carte postale qu'elle rapportait le plus souvent à la maison et que je trouvais toujours partout était celle de Victor Hugo. Elle admettait bien, malgré tout, que Pouchkine fût un aussi grand poète, mais Pouchkine avait été tué dans un duel à trente-six ans, tandis que Victor Hugo avait vécu très vieux et honoré. Partout où

1. Coiffure pyramidale portée par le pape et les évêques lors des cérémonies.
2. Le fils de Napoléon Ier, désigné aussi par le titre de roi de Rome, né en 1811 et mort en 1832.
3. N'aurait pas accepté de comportement stupide.

j'allais, dans l'appartement, il y avait toujours la tête de Victor Hugo qui me contemplait et quand je dis partout, je l'entends littéralement : le grand homme était toujours là, quel que fût l'endroit, posant sur mes efforts un regard grave, habitué pourtant à d'autres horizons. De notre petit Panthéon de cartes jaunies, elle avait catégoriquement rejeté Mozart – « il est mort jeune » –, Baudelaire – « tu comprendras plus tard pourquoi » –, Berlioz, Bizet, Chopin – « ils étaient malchanceux » – mais, chose étrange, et malgré sa crainte affreuse, pour moi, des maladies et, en particulier, de la tuberculose et de la syphilis[1], Guy de Maupassant paraissait avoir trouvé quelque excuse à ses yeux et fut admis dans l'album, avec un peu de gêne, il est vrai, et après une courte hésitation. Ma mère avait pour lui une tendresse très marquée, et j'ai toujours été très heureux que Guy de Maupassant n'eût pas rencontré ma mère, avant ma naissance – j'ai parfois le sentiment de l'avoir échappé belle.

Ainsi donc, la carte postale représentant le beau Guy en chemise blanche, la moustache bien tournée, fut admise dans ma collection, où elle figura en bonne place, entre le jeune Bonaparte et Mme Récamier[2]. Lorsque je feuilletais l'album, ma mère se penchait souvent par-dessus mon épaule et posait sa main sur l'image de Maupassant. Elle s'absorbait dans sa contemplation et soupirait un peu.

– Les femmes l'aimaient beaucoup, disait-elle.

Puis elle ajoutait, apparemment hors de propos, avec une nuance de regret :

– Mais il vaut peut-être mieux que tu épouses une jeune fille de bonne famille, bien propre.

[…]

© Éditions Gallimard.

1. Maladie sexuellement transmissible.
2. Femme d'esprit (1777-1849) appréciée des personnalités politiques et culturelles de son époque.

ÉRIC-EMMANUEL SCHMITT (né en 1960)
Oscar et la dame rose, 2002

Oscar est atteint d'une leucémie en phase terminale et vit à l'hôpital. Mamie-Rose, une visiteuse médicale, le convainc de vivre chaque jour comme si dix ans s'écoulaient, et d'écrire à Dieu.

Cher Dieu,

Ça y est, je suis marié. Nous sommes le 21 décembre, je marche vers mes trente ans et je me suis marié. Pour les enfants, Peggy Blue[1] et moi, on a décidé qu'on verra ça plus tard. En fait, je crois qu'elle n'est pas prête.

Ça s'est passé cette nuit.

Vers une heure du matin, j'ai entendu la plainte de Peggy Blue. Ça m'a redressé dans mon lit. Les fantômes ! Peggy Blue était torturée par les fantômes alors que je lui avais promis de monter la garde. Elle allait se rendre compte que j'étais un tocard, elle ne m'adresserait plus la parole et elle aurait raison.

Je me suis levé et j'ai marché jusqu'aux hurlements. En arrivant à la chambre de Peggy, je l'ai vue assise dans son lit, qui me regardait venir, surprise. Moi aussi, je devais avoir l'air étonné, car soudain j'avais Peggy Blue en face de moi qui me fixait, la bouche fermée, et j'entendais pourtant toujours les cris.

Alors j'ai continué jusqu'à la porte suivante et j'ai compris que c'était Bacon[2] qui se tordait dans son lit à cause de ses brûlures. Un instant, ça m'a donné mauvaise conscience, j'ai repensé au jour où j'avais foutu le

1. Surnom de l'une des enfants hospitalisées, atteinte d'une maladie cardiaque qui bleuit son teint.
2. Surnom d'un enfant pensionnaire de l'hôpital à la suite de graves brûlures.

feu à la maison, au chat, au chien, quand j'avais même grillé les poissons rouges – enfin, je pense qu'ils ont dû surtout bouillir –, j'ai songé à ce qu'ils avaient vécu et je me suis dit qu'après tout, ce n'était pas plus mal qu'ils y soient restés plutôt que de n'en avoir jamais fini avec les souvenirs et les brûlures, comme Bacon, malgré les greffes et les crèmes.

Bacon s'est recroquevillé et a cessé de gémir. Je suis retourné chez Peggy Blue.

– Alors ce n'était pas toi, Peggy ? J'ai toujours cru que c'était toi qui criais la nuit.

– Et moi je croyais que c'était toi.

On n'en revenait pas de ce qui se passait, et de ce qu'on se disait : en réalité, chacun pensait à l'autre depuis longtemps.

Peggy Blue est devenue encore plus bleue, ce qui signifiait chez elle qu'elle était très gênée.

– Qu'est-ce que tu fais, maintenant, Oscar ?

– Et toi, Peggy ?

C'est fou ce qu'on a comme points communs, les mêmes idées, les mêmes questions.

– Est-ce que tu veux dormir avec moi ?

Les filles, c'est incroyable. Moi, une phrase comme ça, j'aurais mis des heures, des semaines, des mois à la mâcher dans ma tête avant de la prononcer. Elle, elle me la sortait tout naturellement, tout simplement.

– O.K.

Et je suis monté dans son lit. On était un peu serrés mais on a passé une nuit formidable. Peggy Blue sent la noisette et elle a la peau aussi douce que moi à l'intérieur des bras mais elle, c'est partout. On a beaucoup dormi, beaucoup rêvé, on s'est tenus tout contre, on s'est raconté nos vies.

Éric-Emmanuel Schmitt, *Oscar et la dame rose*

C'est sûr qu'au matin, quand Madame Gommette, l'infirmière-chef, nous a trouvés ensemble, ç'a été de l'opéra. Elle s'est mise à hurler, l'infirmière de nuit s'est mise à hurler aussi, elles ont hurlé l'une sur l'autre puis sur Peggy, puis sur moi, les portes claquaient, elles prenaient les autres à témoin, elles nous traitaient de « petits malheureux » alors que nous étions très heureux et il a fallu que Mamie-Rose[1] arrive pour mettre fin au concert.

– Est-ce que vous allez foutre la paix à ces enfants ? Qui devez-vous satisfaire, les patients ou le règlement ? J'en ai rien à cirer de votre règlement, je m'assois dessus. Maintenant, silence. Allez vous crêper le chignon ailleurs. On n'est pas dans un vestiaire, ici.

C'était sans réplique, comme toujours avec Mamie-Rose. Elle m'a ramené dans ma chambre et j'ai un peu dormi.

Au réveil, on a pu causer.

– Alors, c'est du sérieux, Oscar, avec Peggy ?

– C'est du béton, Mamie-Rose. Je suis super-heureux. On s'est mariés cette nuit.

– Mariés ?

– Oui. On a fait tout ce que font un homme et une femme qui sont mariés.

– Ah bon ?

– Pour qui me prenez-vous ? J'ai – quelle heure est-il ? – j'ai vingt ans passés, je mène ma vie comme je l'entends, non ?

– Sûr.

– Et puis figurez-vous que tous les trucs qui me dégoûtaient avant, quand j'étais jeune, les baisers, les caresses, eh bien, finalement, ça m'a plu. C'est marrant comme on change, non ?

[1]. Visiteuse médicale au passé de catcheuse professionnelle.

— Je suis ravie pour toi, Oscar. Tu pousses bien.
— Il n'y a qu'un truc qu'on n'a pas fait, c'est le baiser en mélangeant les langues. Peggy Blue avait peur que ça lui donne des enfants. Qu'est-ce que vous en pensez ?
— Je pense qu'elle a raison.
— Ah bon ? C'est possible d'avoir des enfants si on s'embrasse sur la bouche ? Alors je vais en avoir avec la Chinoise[1].
— Calme-toi, Oscar, il y a quand même peu de chances. Très peu.

Elle avait l'air sûre de son coup, Mamie-Rose, et ça m'a calmé un peu parce que, faut te dire, à toi, Dieu, et rien qu'à toi, qu'avec Peggy Blue, une fois, voire deux, voire plus, on avait mis la langue.

J'ai dormi un peu. On a déjeuné ensemble, Mamie-Rose et moi, et j'ai commencé à aller mieux.

— C'est fou comme j'étais fatigué, ce matin.
— C'est normal, entre vingt et vingt-cinq ans, on sort la nuit, on fait la fête, on mène une vie de patachon, on ne s'économise pas assez. Ça se paie. Si on allait voir Dieu ?
— Ah, ça y est, vous avez son adresse ?
— Je pense qu'il est à la chapelle.

Mamie-Rose m'a habillé comme si on partait pour le pôle Nord, elle m'a pris dans ses bras et m'a conduit à la chapelle qui se trouve au fond du parc de l'hôpital, au-delà des pelouses gelées, enfin, je vais pas t'expliquer où c'est, vu que c'est chez toi.

Ça m'a fait un choc quand j'ai vu ta statue, enfin, quand j'ai vu l'état dans lequel tu étais, presque tout nu, tout maigre sur ta croix, avec des blessures partout, le crâne qui saigne sous les épines et la tête qui ne

[1]. L'une des enfants hospitalisées, atteinte, comme Oscar, d'une leucémie, et qui doit son surnom à la perruque aux cheveux raides et noirs qu'elle porte.

Éric-Emmanuel Schmitt, *Oscar et la dame rose*

tenait même plus sur le cou. Ça m'a fait penser à moi. Ça m'a révolté. Si j'étais Dieu, moi, comme toi, je ne me serais pas laissé faire.

— Mamie-Rose, soyez sérieuse : vous qui êtes catcheuse, vous qui avez été une grande championne, vous n'allez pas faire confiance à ça !

— Pourquoi, Oscar ? Accorderais-tu plus de crédit à Dieu si tu voyais un culturiste avec le bifteck ouvragé, le muscle saillant, la peau huilée, la petite coupe courte et le mini-slip avantageux ?

— Ben…

— Réfléchis, Oscar. De quoi te sens-tu le plus proche ? D'un Dieu qui n'éprouve rien ou d'un Dieu qui souffre ?

— De celui qui souffre, évidemment. Mais si j'étais lui, si j'étais Dieu, si, comme lui, j'avais les moyens, j'aurais évité de souffrir.

— Personne ne peut éviter de souffrir. Ni Dieu ni toi. Ni tes parents ni moi.

— Bon. D'accord. Mais pourquoi souffrir ?

— Justement. Il y a souffrance et souffrance. Regarde mieux son visage. Observe. Est-ce qu'il a l'air de souffrir ?

— Non. C'est curieux. Il n'a pas l'air d'avoir mal.

— Voilà. Il faut distinguer deux peines, mon petit Oscar, la souffrance physique et la souffrance morale. La souffrance physique, on la subit. La souffrance morale, on la choisit.

— Je ne comprends pas.

— Si on t'enfonce des clous dans les poignets ou les pieds, tu ne peux pas faire autrement que d'avoir mal. Tu subis. En revanche, à l'idée de mourir, tu n'es pas obligé d'avoir mal. Tu ne sais pas ce que c'est. Ça dépend donc de toi.

— Vous en connaissez, vous, des gens qui se réjouissent à l'idée de mourir ?

– Oui, j'en connais. Ma mère était comme ça. Sur son lit de mort, elle souriait de gourmandise, elle était impatiente, elle avait hâte de découvrir ce qui allait se passer.

Je pouvais plus argumenter. Comme ça m'intéressait de savoir la suite, j'ai laissé passer un peu de temps en réfléchissant à ce qu'elle me disait.

– Mais la plupart des gens sont sans curiosité. Ils s'accrochent à ce qu'ils ont, comme le pou dans l'oreille d'un chauve. Prends Plum Pudding, par exemple, ma rivale irlandaise, cent cinquante kilos à jeun et en slip juste avant sa Guinness. Elle me disait toujours : « Moi, désolée, je ne mourrai pas, je ne suis pas d'accord, je n'ai pas signé. » Elle se trompait. Personne ne lui avait dit que la vie devait être éternelle, personne ! Elle s'entêtait à le croire, elle se révoltait, elle refusait l'idée de passer, elle devenait enragée, elle a fait une dépression, elle a maigri, elle a arrêté le métier, elle ne pesait plus que trente-cinq kilos, on aurait dit une arête de sole, et elle s'est cassée en morceaux. Tu vois, elle est morte quand même, comme tout le monde, mais l'idée de mourir lui a gâché la vie.

– Elle était conne, Plum Pudding, Mamie-Rose.

– Comme un pâté de campagne. Mais c'est très répandu, le pâté de campagne. Très courant.

Là aussi, j'ai opiné de la tête parce que j'étais assez d'accord.

– Les gens craignent de mourir parce qu'ils redoutent l'inconnu. Mais justement, qu'est-ce que l'inconnu ? Je te propose, Oscar, de ne pas avoir peur mais d'avoir confiance. Regarde le visage de Dieu sur la croix : il subit la peine physique mais il n'éprouve pas de peine morale car il a confiance. Du coup les clous le font moins souffrir. Il se répète : ça me fait mal mais ça ne peut pas être un mal. Voilà ! C'est ça, le bénéfice de la foi. Je voulais te le montrer.

Éric-Emmanuel Schmitt, *Oscar et la dame rose*

– O.K., Mamie-Rose, quand j'aurai la trouille, je me forcerai à avoir confiance.

Elle m'a embrassé. Finalement, on était bien dans cette église déserte avec toi, Dieu, qui avais l'air si apaisé.

Au retour, j'ai dormi longtemps. J'ai de plus en plus sommeil. Comme une fringale. En me réveillant, j'ai dit à Mamie-Rose :

– En fait, je n'ai pas peur de l'inconnu. C'est juste que ça m'ennuie de perdre ce que je connais.

– Je suis comme toi, Oscar. Si on proposait à Peggy Blue de venir prendre le thé avec nous ?

Peggy Blue a pris le thé avec nous, elle s'entendait très bien avec Mamie-Rose, on a bien rigolé quand Mamie-Rose nous a raconté son combat avec les Sœurs Giclette, trois sœurs jumelles qui se faisaient passer pour une. Après chaque round, la Giclette qui avait épuisé son adversaire en gambadant de partout bondissait hors du ring en prétendant qu'elle devait aller faire pipi, elle se précipitait aux toilettes et c'était sa sœur qui revenait en pleine forme pour la reprise. Et ainsi de suite. Tout le monde croyait qu'il n'y avait qu'une Giclette, que c'était une sauteuse infatigable. Mamie-Rose a découvert le pot aux roses, a enfermé les deux remplaçantes aux toilettes en jetant la clé par la fenêtre et elle est venue à bout de celle qui restait. C'est astucieux, le catch, comme sport.

Puis Mamie-Rose est partie. Les infirmières nous surveillent, Peggy Blue et moi, comme si on était des pétards prêts à exploser. Merde, j'ai trente ans, tout de même ! Peggy Blue m'a juré que, ce soir, c'est elle qui me rejoindrait dès qu'elle pourrait ; en échange, je lui ai juré que, cette fois, je ne mettrais pas la langue.

C'est vrai, c'est pas tout d'avoir des gosses, faut encore avoir le temps de les élever.

Voilà, Dieu. Je ne sais pas quoi te demander ce soir parce que ça a été une belle journée. Si. Fais en sorte que l'opération de Peggy Blue, demain, se passe bien. Pas comme la mienne, si tu vois ce que je veux dire.

<div style="text-align:right">À demain, bisous,
Oscar.</div>

P.-S. Les opérations, ce ne sont pas des choses de l'esprit, tu n'as peut-être pas ça en magasin. Alors fais en sorte que, quel que soit le résultat de l'opération, Peggy Blue le prenne bien. Je compte sur toi.

<div style="text-align:center">*</div>

Cher Dieu,

Peggy Blue a été opérée aujourd'hui. J'ai passé dix années terribles. C'est dure la trentaine, c'est l'âge des soucis et des responsabilités.

En fait, Peggy n'a pas pu me rejoindre cette nuit parce que Madame Ducru, l'infirmière de nuit, est restée dans sa chambre pour préparer Peggy à l'anesthésie. La civière l'a emmenée vers huit heures. Ça m'a serré le cœur quand j'ai vu passer Peggy sur le chariot, on la voyait à peine sous les draps émeraude tant elle est petite et mince.

Mamie-Rose m'a tenu la main pour m'empêcher de m'énerver.

– Pourquoi ton Dieu, Mamie-Rose, il permet que ça soit possible, des gens comme Peggy et moi ?

– Heureusement qu'il vous fait, mon petit Oscar, parce que la vie serait moins belle sans vous.

– Non. Vous ne comprenez pas. Pourquoi Dieu il permet qu'on soit malades ? Ou bien il est méchant. Ou bien il n'est pas bien fortiche.

– Oscar, la maladie, c'est comme la mort. C'est un fait. Ce n'est pas une punition.

– On voit que vous n'êtes pas malade !

– Qu'est-ce que tu en sais, Oscar ?

Ça, ça m'a coupé. J'avais jamais songé que Mamie-Rose, qui est toujours si disponible, si attentive, elle puisse avoir ses propres problèmes.

– Faut pas me cacher les choses, Mamie-Rose, vous pouvez tout me dire. J'ai au moins trente-deux ans, un cancer, une femme en salle d'opération, alors, la vie, ça me connaît.

– Je t'aime, Oscar.

– Moi aussi. Qu'est-ce que je peux faire pour vous si vous avez des ennuis ? Est-ce que vous voulez que je vous adopte ?

– M'adopter ?

– Oui, j'ai déjà adopté Bernard quand j'ai vu qu'il avait le blues.

– Bernard ?

– Mon ours. Là. Dans l'armoire. Sur l'étagère. C'est mon vieil ours, il n'a plus d'yeux, ni de bouche, ni de nez, il a perdu la moitié de son rembourrage et il a des cicatrices partout. Il vous ressemble un peu. Je l'ai adopté le soir où mes deux cons de parents m'ont apporté un ours neuf. Comme si j'allais accepter d'avoir un ours neuf ! Ils n'avaient qu'à me remplacer par un petit frère tout neuf pendant qu'ils y étaient ! Depuis, je l'ai adopté. Je lui léguerai tout ce que j'ai, à Bernard. Je veux vous adopter aussi, si ça vous rassure.

– Oui. Je veux bien. Je crois que ça me rassurerait, Oscar.

– Alors topez là, Mamie-Rose.

Puis on est allés préparer la chambre de Peggy, apporter les chocolats, poser des fleurs pour son retour.

Après, j'ai dormi. C'est fou ce que je dors en ce moment.

Vers la fin de l'après-midi, Mamie-Rose m'a réveillé en me disant que Peggy Blue était revenue et que l'opération avait réussi.

On est allés la voir ensemble. Ses parents se tenaient à son chevet. J'ignore qui les avait prévenus, Peggy ou Mamie-Rose, mais ils avaient l'air de savoir qui j'étais, ils m'ont traité avec beaucoup de respect, ils m'ont posé une chaise entre eux et j'ai pu veiller ma femme avec mes beaux-parents.

J'étais content parce que Peggy était toujours bleutée. Le docteur Düsseldorf est passé, s'est frotté les sourcils et a dit que ça allait changer dans les heures qui viennent. J'ai regardé la mère de Peggy qui n'est pas bleue mais bien belle quand même et je me suis dit qu'après tout, Peggy, ma femme, pouvait avoir la couleur qu'elle voulait, je l'aimerais pareil.

Peggy a ouvert les yeux, nous a souri, à moi, à ses parents, puis s'est rendormie.

Ses parents étaient rassurés mais ils devaient partir.

– Nous te confions notre fille, ils m'ont dit. Nous savons que nous pouvons compter sur toi.

Avec Mamie-Rose, j'ai tenu jusqu'à ce que Peggy ouvre les yeux une deuxième fois puis je suis allé me reposer dans ma chambre.

En finissant ma lettre, je me rends compte que c'était une bonne journée, aujourd'hui, finalement. Une journée de famille. J'ai adopté Mamie-Rose, j'ai bien sympathisé avec mes beaux-parents et j'ai récupéré ma femme en bonne santé, même si, vers onze heures, elle devenait rose.

À demain, bisous,
Oscar.

P.-S. Pas de vœu aujourd'hui. Ça te fera du repos.

Éric-Emmanuel Schmitt, *Oscar et la dame rose*

*

Cher Dieu,
Aujourd'hui, j'ai eu de quarante à cinquante ans et je n'ai fait que des conneries.

Je raconte ça vite parce que ça mérite pas plus. Peggy Blue va bien mais la Chinoise, envoyée par Pop Corn[1] qui ne peut plus me blairer, est venue lui cafter que je l'avais embrassée sur la bouche.

Du coup, Peggy m'a dit qu'elle et moi c'était fini. J'ai protesté, j'ai dit que la Chinoise et moi, c'était une erreur de jeunesse, que c'était bien avant elle, et qu'elle ne pouvait pas me faire payer mon passé toute ma vie.

Mais elle a tenu bon. Elle est même devenue copine avec la Chinoise pour me faire enrager et je les ai entendues qui rigolaient ensemble.

Du coup, quand Brigitte, la trisomique, qui colle toujours tout le monde parce que les trisomiques, c'est normal, c'est affectueux, est venue me dire bonjour dans ma chambre, je l'ai laissée m'embrasser de partout. Elle était folle de joie que je lui permette. On aurait dit un chien qui fait la fête à son maître. Le problème, c'est qu'Einstein[2] était dans le couloir. Il a peut-être de l'eau dans le cerveau mais pas des peaux de saucisson sur les yeux. Il a tout vu et est allé le raconter à Peggy et à la Chinoise. Tout l'étage me traite maintenant de cavaleur[3] alors que j'ai pas bougé de ma chambre.

– Je ne sais pas ce qui m'a pris, Mamie-Rose, avec Brigitte...
– Le démon de midi, Oscar. Les hommes sont comme ça, entre quarante-cinq et cinquante ans, ils se rassurent, ils vérifient qu'ils peuvent plaire à d'autres femmes que celle qu'ils aiment.

1. Surnom de l'un des enfant hospitalisés qui lutte contre l'obésité.
2. Surnom de l'un des enfants hospitalisés.
3. Dragueur.

– Bon d'accord, je suis normal mais je suis con, aussi, non ?
– Oui. Tu es tout à fait normal.
– Qu'est-ce que je dois faire ?
– Qui aimes-tu ?
– Peggy. Rien que Peggy.
– Alors dis-le-lui. Un premier couple, c'est fragile, toujours secoué, mais il faut se battre pour le conserver, si c'est le bon.

Demain, Dieu, c'est Noël. J'avais jamais réalisé que c'était ton anniversaire. Fais en sorte que je me réconcilie avec Peggy parce que je ne sais pas si c'est pour ça, mais je suis très triste ce soir et je n'ai plus de courage du tout.

<div align="right">À demain, bisous,
Oscar.</div>

P.-S. Maintenant qu'on est copains, qu'est-ce que tu veux que je t'offre pour ton anniversaire ?

<div align="center">*</div>

Cher Dieu,

Ce matin, à huit heures, j'ai dit à Peggy Blue que je l'aimais, que je n'aimais qu'elle et que je pouvais pas concevoir ma vie sans elle. Elle s'est mise à pleurer, elle m'a avoué que je la délivrais d'un gros chagrin parce qu'elle aussi elle n'aimait que moi et qu'elle ne trouverait jamais personne d'autre, surtout maintenant qu'elle était rose.

Alors, c'est curieux, on s'est retrouvés tous les deux à sangloter mais c'était très agréable. C'est chouette, la vie de couple. Surtout après la cinquantaine quand on a traversé des épreuves.

Éric-Emmanuel Schmitt, *Oscar et la dame rose*

Sur le coup des dix heures, je me suis vraiment rendu compte que c'était Noël, que je ne pourrais pas rester avec Peggy parce que sa famille – frères, oncles, neveux, cousins – allait débarquer dans sa chambre et que j'allais être obligé de supporter mes parents. Qu'est-ce qu'ils allaient m'offrir encore ? Un puzzle de dix-huit mille pièces ? Des livres en kurde ? Une boîte de modes d'emploi ? Mon portrait du temps que j'étais en bonne santé ? Avec deux crétins pareils, qui ont l'intelligence d'un sac-poubelle, il y avait de la menace à l'horizon, je pouvais tout craindre, il n'y avait qu'une seule certitude, c'était que j'allais passer une journée à la con.

Je me suis décidé très vite et j'ai organisé ma fugue. Un peu de troc : mes jouets à Einstein, mon duvet à Bacon et mes bonbons à Pop Corn. Un peu d'observation : Mamie-Rose passait toujours par le vestiaire avant de partir. Un peu de prévision : mes parents n'arriveraient pas avant midi. Tout s'est bien passé : à onze heures trente, Mamie-Rose m'a embrassé en me souhaitant une bonne journée de Noël avec mes parents puis a disparu à l'étage des vestiaires. J'ai sifflé. Pop Corn, Einstein et Bacon m'ont habillé très vite, m'ont descendu en me soulevant et m'ont porté jusqu'à la caisse de Mamie-Rose, une voiture qui doit dater d'avant l'automobile. Pop Corn, qui est très doué pour ouvrir les serrures parce qu'il a eu la chance d'être élevé dans une cité défavorisée, a crocheté la porte de derrière et ils m'ont jeté sur le sol entre la banquette de devant et la banquette de derrière. Puis ils sont retournés, ni vu ni connu, au bâtiment.

Mamie-Rose, au bout d'un bon bout de temps, est montée dans sa voiture, elle l'a fait crachoter dix à quinze fois avant de la faire démarrer puis on est partis à un train d'enfer. C'est génial, ce genre de voiture d'avant l'automobile, ça fait tellement de boucan qu'on a l'impression d'aller très vite et ça secoue autant qu'à la fête foraine.

Le problème, c'est que Mamie-Rose, elle avait dû apprendre à conduire avec un ami cascadeur : elle ne respectait ni les feux ni les trottoirs ni les ronds-points si bien que, de temps en temps, la voiture décollait. Ça a pas mal chahuté dans la carlingue, elle a beaucoup klaxonné, et, question vocabulaire aussi, c'était enrichissant : elle balançait toutes sortes de mots terribles pour insulter les ennemis qui se mettaient en travers de son chemin et je me suis dit encore une fois que, décidément, le catch, c'était une bonne école pour la vie.

J'avais prévu, à l'arrivée, de bondir et de faire : « Coucou, Mamie-Rose » mais ça a duré tellement longtemps, la course d'obstacles pour arriver chez elle, que j'ai dû m'endormir.

Toujours est-il qu'à mon réveil, il faisait noir, il faisait froid, silence, et je me retrouvais seul couché sur un tapis humide. C'est là que j'ai pensé, pour la première fois, que j'avais peut-être fait une bêtise.

Je suis sorti de la voiture et il s'est mis à neiger. Pourtant c'était beaucoup moins agréable que « La Valse des flocons » dans *Casse-Noisette*[1].
J'avais les dents qui sautaient toutes seules.

J'ai vu une grande maison allumée. J'ai marché. J'avais du mal. J'ai dû faire un tel saut pour atteindre la sonnette que je me suis effondré sur le paillasson.

C'est là que Mamie-Rose m'a trouvé.

– Mais... mais..., qu'elle a commencé à dire.

Puis elle s'est penchée vers moi et a murmuré :
– Mon chéri.

Alors, j'ai pensé que j'avais peut-être pas fait une bêtise.

Elle m'a porté dans son salon, où elle avait dressé un grand arbre de

1. Ballet de Tchaïkovski tiré d'un conte pour enfants d'E.T.A. Hoffmann, *Casse-Noisette et le roi des souris*.

Éric-Emmanuel Schmitt, *Oscar et la dame rose*

Noël qui clignait des yeux. J'étais étonné de voir comme c'était beau, chez Mamie-Rose. Elle m'a réchauffé auprès du feu et on a bu un grand chocolat. Je me doutais qu'elle voulait d'abord s'assurer que j'allais bien avant de m'engueuler.

Moi, du coup, je prenais tout mon temps pour me remettre, j'avais pas de mal à y arriver d'ailleurs parce que, en ce moment, je suis vraiment fatigué.

– Tout le monde te cherche à l'hôpital, Oscar. C'est le branle-bas de combat. Tes parents sont désespérés. Ils ont prévenu la police.

– Ça m'étonne pas d'eux. S'ils sont assez bêtes pour croire que je vais les aimer quand j'aurai les menottes...

– Qu'est-ce que tu leur reproches ?

– Ils ont peur de moi. Ils n'osent pas me parler. Et moins ils osent, plus j'ai l'impression d'être un monstre. Pourquoi est-ce que je les terrorise ? Je suis si moche que ça ? Je pue ? Je suis devenu idiot sans m'en rendre compte ?

– Ils n'ont pas peur de toi, Oscar. Ils ont peur de la maladie.

– Ma maladie, ça fait partie de moi. Ils n'ont pas à se comporter différemment parce que je suis malade. Ou alors ils ne peuvent aimer qu'un Oscar en bonne santé ?

– Ils t'aiment, Oscar. Ils me l'ont dit.

– Vous leur parlez ?

– Oui. Ils sont très jaloux que nous nous entendions si bien. Non, pas jaloux, tristes. Tristes de ne pas y parvenir aussi. J'ai haussé les épaules mais j'étais déjà un peu moins en colère. Mamie-Rose m'a fait un deuxième chocolat chaud.

– Tu sais, Oscar. Tu vas mourir, un jour. Mais tes parents, ils vont mourir aussi.

J'étais étonné par ce qu'elle me disait. Je n'y avais jamais pensé.

– Oui. Ils vont mourir aussi. Tout seuls. Et avec le remords terrible de n'avoir pas pu se réconcilier avec leur seul enfant, un Oscar qu'ils adoraient.

– Dites pas des choses comme ça, Mamie-Rose, ça me fout le cafard.

– Pense à eux, Oscar. Tu as compris que tu allais mourir parce que tu es un garçon très intelligent. Mais tu n'as pas compris qu'il n'y a pas que toi qui meurs. Tout le monde meurt. Tes parents, un jour. Moi, un jour.

– Oui. Mais enfin tout de même, je passe devant.

– C'est vrai. Tu passes devant. Cependant est-ce que, sous prétexte que tu passes devant, tu as tous les droits ? Et le droit d'oublier les autres ?

– J'ai compris, Mamie-Rose. Appelez-les.

Voilà, Dieu, la suite, je te la fais brève parce que j'ai le poignet qui fatigue. Mamie-Rose a prévenu l'hôpital, qui a prévenu mes parents, qui sont venus chez Mamie-Rose et on a tous fêté Noël ensemble.

Quand mes parents sont arrivés, je leur ai dit :

– Excusez-moi, j'avais oublié que, vous aussi, un jour, vous alliez mourir.

Je ne sais pas ce que ça leur a débloqué, cette phrase, mais après, je les ai retrouvés comme avant et on a passé une super soirée de Noël.

Au dessert, Mamie-Rose a voulu regarder à la télévision la messe de minuit et aussi un match de catch qu'elle avait enregistré. Elle dit que ça fait des années qu'elle se garde toujours un match de catch à visionner avant la messe de minuit pour se mettre en jambes, que c'est une habitude, que ça lui ferait bien plaisir. Du coup, on a tous regardé un combat qu'elle avait mis de côté. C'était formidable. Méphista contre Jeanne d'Arc ! Maillots de bain et cuissardes ! Des sacrées gaillardes !

comme disait papa qui était tout rouge et qui avait l'air d'aimer ça, le catch. Le nombre de coups qu'elles se sont mis sur la gueule, c'est pas imaginable. Moi, je serais mort cent fois dans un combat pareil. C'est une question d'entraînement, m'a dit Mamie-Rose, les coups sur la gueule, plus t'en prends, plus tu peux en prendre. Faut toujours garder l'espoir. Au fait, c'est Jeanne d'Arc qui a gagné, alors que, vraiment, au début on n'aurait pas cru : ça a dû te faire plaisir.

À propos, bon anniversaire, Dieu. Mamie-Rose, qui vient de me coucher dans le lit de son fils aîné qui était vétérinaire au Congo avec les éléphants, m'a suggéré que, comme cadeau d'anniversaire pour toi, c'était très bien, ma réconciliation avec mes parents. Moi, franchement, je trouve ça limite comme cadeau. Mais si Mamie-Rose, qui est une vieille copine à toi, le dit...

À demain, bisous,
Oscar.

P.-S. J'oubliais mon vœu : que mes parents restent toujours comme ce soir. Et moi aussi. C'était un chouette Noël, surtout Méphista contre Jeanne d'Arc. Désolé pour ta messe, j'ai décroché avant.

© Éditions Albin Michel.
Collection « Classiques & Contemporains », n° 79, Magnard.

L'enfance et l'adolescence, champs d'expérience

Jules Vallès (1832-1885)
L'Enfant, 1879

Jacques, un enfant âgé d'une dizaine d'années, martyrisé par ses parents, reste seul en salle d'étude où il a été puni.

J'eus la chance de tomber sur Rosée[1].
Où qu'il soit dans le monde, s'il est encore vivant que son nez reçoive mes sincères remerciements !

> *Calice à narines, sang de mon sauveur,*
> *Salutaris nasus, encore un baiser !*

… J'ai été puni un jour : c'est, je crois, pour avoir roulé sous la poussée d'un grand, entre les jambes d'un petit pion qui passait par là, et qui est tombé derrière par-dessus tête ! Il s'est fait une bosse affreuse, et il a cassé une fiole qui était dans sa poche de côté ; c'est une topette de cognac dont il boit – en cachette, à petits coups, en tournant les yeux. On l'a vu : il semblait faire une prière, et il se frottait délicieusement l'estomac. – Je suis cause de la topette cassée, de la bosse qui gonfle…
Le pion s'est fâché.

Il m'a mis aux arrêts ; – il m'a enfermé lui-même dans une étude vide, a tourné la clef, et me voilà seul entre les murailles sales, devant

1. Surnom d'un camarade avec lequel le narrateur s'est battu, évitant ainsi d'être persécuté.

Jules Vallès, *L'Enfant*

une carte de géographie qui a la jaunisse, et un grand tableau noir où il y a des ronds blancs et la binette[1] du censeur.

Je vais d'un pupitre à l'autre : ils sont vides – on doit nettoyer la place, et les élèves ont déménagé.

Rien, une règle, des plumes rouillées, un bout de ficelle, un petit jeu de dames, le cadavre d'un lézard, une agate perdue.

Dans une fente, un livre : j'en vois le dos, je m'écorche les ongles à essayer de le retirer. Enfin, avec l'aide de la règle, en cassant un pupitre, j'y arrive ; je tiens le volume et je regarde le titre :

ROBINSON CRUSOÉ.

Il est nuit.

Je m'en aperçois tout d'un coup. Combien y a-t-il de temps que je suis dans ce livre ? – quelle heure est-il ?

Je ne sais pas, mais voyons si je puis lire encore ! Je frotte mes yeux, je *tends* mon regard, les lettres s'effacent, les lignes se mêlent, je saisis encore le coin d'un mot, puis plus rien.

J'ai le cou brisé, la nuque qui me fait mal, la poitrine creuse ; je suis resté penché sur les chapitres sans lever la tête, sans entendre rien, dévoré par la curiosité, collé aux flancs de Robinson, pris d'une émotion immense, remué jusqu'au fond de la cervelle et jusqu'au fond du cœur ; et en ce moment où la lune montre là-bas un bout de corne, je fais passer dans le ciel tous les oiseaux de l'île, et je vois se profiler la tête longue d'un peuplier comme le mât du navire de Crusoé ! Je peuple l'espace vide de mes pensées, tout comme il peuplait l'horizon de ses craintes ; debout contre cette fenêtre, je rêve à l'éternelle solitude et je me demande où je ferai pousser du pain...

1. Visage, caricature (familier).

La faim me vient : j'ai très faim.

Vais-je être réduit à manger ces rats que j'entends dans la cale de l'étude ? Comment faire du feu ? J'ai soif aussi. Pas de bananes ! Ah ! lui, il avait des limons[1] frais ! Justement j'adore la limonade !

Clic, clac ! on farfouille dans la serrure.

Est-ce Vendredi ? Sont-ce des sauvages ?

C'est le petit pion qui s'est souvenu, en se levant, qu'il m'avait *oublié*, et qui vient voir si j'ai été dévoré par les rats, ou si c'est moi qui les ai mangés.

Il a l'air un peu embarrassé, le pauvre homme ! – Il me retrouve gelé, moulu[2], les cheveux secs, la main fiévreuse ; il s'excuse de son mieux et m'entraîne dans sa chambre, où il me dit d'allumer un bon feu et de me réchauffer.

Il a du thon mariné dans une timbale « et peut-être bien une goutte de je ne sais quoi, par là dans un coin, qu'un ami a laissée il y a deux mois. »

C'est une topette d'eau-de-vie, son péché mignon, sa marotte[3] humide, son dada jaune.

Il est forcé de repartir, de rejoindre sa division. Il me laisse seul, seul avec du thon, – poisson d'Océan – la goutte[4], – salut[5] du matelot – et du feu, – phare des naufragés.

Je me rejette dans le livre que j'avais caché entre ma chemise et ma peau, et je le dévore – avec un peu de thon, des larmes de cognac – devant la flamme de la cheminée.

[1]. Fruits ressemblant au citron.
[2]. Épuisé.
[3]. Son obsession.
[4]. Surnom de l'eau-de-vie.
[5]. Secours.

Jules Vallès, *L'Enfant*

Il me semble que je suis dans une cabine ou une cabane, et qu'il y a dix ans que j'ai quitté le collège ; j'ai peut-être les cheveux gris, en tout cas le teint hâlé. – Que sont devenus mes vieux parents ? Ils sont morts sans avoir eu la joie d'embrasser leur enfant perdu ? (C'était l'occasion pourtant, puisqu'ils ne l'embrassaient jamais auparavant.) Ô ma mère ! ma mère !

Je dis : « ô ma mère ! » sans y penser beaucoup, c'est pour faire comme dans les livres.

Et j'ajoute : « Quand vous reverrai-je ? Vous revoir et mourir ! »

Je la reverrai, si *Dieu le veut*.

Mais quand je reparaîtrai devant elle, comment serai-je reçu ? Me reconnaîtra-t-elle ?

Si elle allait ne pas me reconnaître !

N'être pas reconnu par celle qui vous a entouré de sa sollicitude[1] depuis le berceau, enveloppé de sa tendresse, une mère enfin !

Qui remplace une mère ?

Mon Dieu ! une trique[2] remplacerait assez bien la mienne !

Ne pas me reconnaître ! mais elle sait bien qu'il me manque derrière l'oreille une mèche de cheveux, puisque c'est elle qui me l'a arrachée un jour. Ne pas me reconnaître ! mais j'ai toujours la cicatrice de la blessure que je me suis faite en tombant, et pour laquelle on m'a empêché de voir les Fabre. Toutes les traces de sa tutelle, de sa sollicitude, se lisent en raies blanches, en petites places bleues. Elle me reconnaîtra ; il me sera donné d'être encore aimé, battu, fouetté, pas gâté !

Il ne faut pas gâter les enfants.

Elle m'a reconnu ! merci, mon Dieu ! Elle m'a reconnu ! et s'est écriée :

1. Ses soins attentifs.
2. Un bâton.

« Te voilà donc ! s'il t'arrive de me faire encore t'attendre jusqu'à deux heures du matin, à brûler la bougie, à tenir la porte ouverte, c'est moi qui te corrigerai ! Et il bâille encore ! devant sa mère !

– J'ai sommeil.

– On aurait sommeil à moins !

– J'ai froid.

– On va faire du feu exprès pour lui, – brûler un fagot de bois !

– Mais c'est monsieur Doizy qui…

– C'est monsieur Doizy qui t'a oublié, n'est-ce pas ! Si tu ne l'avais pas fait tomber, il n'aurait pas eu à te punir, et il ne t'aurait pas oublié. Il voudrait encore s'excuser, voyez-vous ! Tiens ! voilà ce qui me reste d'une bougie que j'ai commencée hier. Tout ça pour veiller en se demandant ce qu'était devenu monsieur ! Allons, ne faisons pas le gelé, – n'ayons pas l'air d'avoir la fièvre… Veux-tu bien ne pas claquer des dents comme cela ! Je voudrais que tu fusses bien malade une bonne fois, ça te guérirait peut-être… »

Je ne croyais pas être tant dans mon tort : en effet, c'est ma faute ; mais je ne puis pas m'empêcher de claquer des dents, j'ai les mains qui me brûlent, et des frissons qui me passent dans le dos. J'ai attrapé froid cette nuit sur ces bancs, le crâne contre le pupitre ; cette lecture aussi m'a remué…

Oh ! je voudrais dormir ! je vais faire un somme sur la chaise.

« Ôte-toi de là, me dit ma mère en retirant la chaise. On ne dort pas à midi. Qu'est-ce que c'est que ces habitudes maintenant ?

– Ce ne sont pas des habitudes. Je me sens fatigué, parce que je n'ai pas reposé dans mon lit.

– Tu trouveras ton lit ce soir, si toutefois tu ne t'amuses pas à *vagabonder.*

Jules Vallès, L'Enfant

— Je n'ai pas vagabondé...
— Comment ça s'appelle-t-il, coucher dehors ? Il va donner tort à sa mère à présent ! Allons, prends tes livres. Sais-tu tes leçons pour ce soir ? »

Oh ! l'île déserte, les bêtes féroces, les pluies éternelles, les tremblements de terre, la peau de bête, le parasol, le pas du sauvage, tous les naufrages, toutes les tempêtes, des cannibales, – mais pas les leçons pour ce soir !

Je grelottais tout le jour. Mais je n'étais plus seul ; j'avais pour amis Crusoé et Vendredi. À partir de ce moment, il y eut dans mon imagination un coin bleu, dans la prose de ma vie d'enfant battu la poésie des rêves, et mon cœur mit à la voile pour les pays où l'on souffre, où l'on travaille, mais où l'on est libre.

Que de fois j'ai lu et relu ce *Robinson* !

Je m'occupai de savoir à qui il appartenait ; il était à un élève de quatrième qui en cachait bien d'autres dans son pupitre ; il avait le *Robinson suisse*, les *Contes* du chanoine Schmidt[1], la *Vie de Cartouche*[2], avec des gravures.

1. Contes pour enfants parus en 1816.
2. Brigand de grand chemin (1693-1721) ayant inspiré la littérature.

Irène Némirovsky (1903-1942)
Le Bal, 1930

M. et Mme Kampf, les parents d'Antoinette, ont fait fortune : ils habitent une belle maison et ont confié l'éducation de leur fille à une gouvernante anglaise, Miss Betty. Pour briller aux yeux d'un monde auquel ils aimeraient appartenir, ils prévoient de donner un bal. L'adolescente, qui note le nom des invités sur une liste, voudrait bien y participer.

II

[…]
— Est-ce qu'on dansera dans les deux salons ?
— Naturellement, et dans la galerie[1]… tu sais que notre galerie est très belle… je louerai des corbeilles de fleurs en quantité ; tu verras comme ce sera joli, dans la grande galerie, toutes ces femmes en grande toilette avec de beaux bijoux, les hommes en habit… Chez les Lévy de Brunelleschi, c'était un spectacle féerique… Pendant les tangos, on éteignait l'électricité, on laissait allumées seulement deux grandes lampes d'albâtre[2] dans les coins avec une lumière rouge…
— Oh ! je n'aime pas beaucoup ça, ça fait dancing.
— Ça se fait partout à présent, il paraît ; les femmes adorent se laisser tripoter en musique… Le souper, naturellement, par petites tables…
— Un bar, peut-être, pour commencer ?…
— C'est une idée… Il faut les dégeler dès qu'ils arrivent. On pourrait installer le bar dans la chambre d'Antoinette. Elle coucherait dans la

1. Pièce longue servant de passage.
2. Pierre fragile d'un blanc laiteux.

Irène Némirovsky, Le Bal

lingerie ou le petit cabinet de débarras au bout du couloir, pour une nuit...

Antoinette tressaillit violemment. Elle était devenue toute pâle ; elle murmura d'une voix basse, étranglée :

– Est-ce que je ne pourrai pas rester seulement un petit quart d'heure ?

Un bal... Mon Dieu, mon Dieu, ce serait possible qu'il y eût là, à deux pas d'elle, cette chose splendide qu'elle se représentait vaguement comme un mélange confus de folle musique, de parfums enivrants, de toilettes éclatantes... de paroles amoureuses chuchotées dans un boudoir[1] écarté, obscur et frais comme une alcôve[2]... et qu'elle fût couchée ce soir-là, comme tous les soirs, à neuf heures comme un bébé... Peut-être des hommes qui savaient que les Kampf avaient une fille demanderaient-ils où elle était ; et sa mère répondrait avec son petit rire détestable : « Oh, mais elle dort depuis longtemps, voyons... » Et pourtant qu'est-ce que ça pouvait lui faire qu'Antoinette, elle aussi, eût sa part de bonheur sur cette terre ?... Oh ! mon Dieu, danser une fois, une seule fois, avec une jolie robe, comme une vraie jeune fille, serrée dans des bras d'homme... Elle répéta avec une sorte de hardiesse désespérée en fermant les yeux, comme si elle appuyait sur sa poitrine un revolver chargé :

– Seulement un petit quart d'heure, dis, maman ?

– Quoi ? cria Mme Kampf stupéfaite, répète un peu...

– Tu iras au bal de M. Blanc, dit le père.

Mme Kampf haussa les épaules :

– Décidément, je crois que cette enfant est folle...

1. Pièce intime et élégante souvent réservée aux femmes.
2. Le renfoncement d'une chambre à l'abri des regards.

Antoinette cria tout à coup, la figure bouleversée :

– Je t'en supplie, maman, je t'en supplie… J'ai quatorze ans, maman, je ne suis plus une petite fille… je sais qu'on fait son entrée dans le monde à quinze ans ; j'ai l'air d'avoir quinze ans, et l'année prochaine…

Mme Kampf éclata subitement :

– Ça, par exemple, ça, c'est magnifique, cria-t-elle d'une voix enrouée de colère : cette gamine, cette morveuse, venir au bal, voyez-vous ça !… Attends un peu, je te ferai passer toutes ces idées de grandeur, ma fille… Ah ! tu crois que tu entreras « dans le monde » l'année prochaine ? Qu'est-ce qui t'as mis ces idées-là dans la tête ? Apprends, ma petite, que je commence seulement à vivre, moi, tu entends, moi, et que je n'ai pas l'intention de m'embarrasser de sitôt d'une fille à marier… Je ne sais pas ce qui me retient de t'allonger les oreilles pour te changer les idées, continua-t-elle sur le même ton, en faisant un mouvement vers Antoinette.

Antoinette recula et pâlit davantage ; une expression égarée, désespérée dans ses yeux, frappa Kampf d'une sorte de pitié.

– Allons, laisse-la, dit-il en arrêtant la main levée de Rosine : elle est fatiguée, énervée, cette petite, elle ne sait pas ce qu'elle dit… va te coucher, Antoinette.

Antoinette ne bougeait pas ; sa mère la poussa légèrement par les épaules :

– Allez, ouste, et sans répliquer ; file, ou bien gare…

Antoinette tremblait de tous ses membres, mais elle sortit avec lenteur sans une larme.

– Charmant, dit Mme Kampf quand elle fut partie ; ça promet… D'ailleurs, j'étais toute pareille à son âge ; mais je ne suis pas comme ma pauvre maman qui n'a jamais su me dire non, à moi… Je la materai, je t'en réponds…

— Mais ça lui passera en dormant ; elle était fatiguée ; il est déjà onze heures ; elle n'a pas l'habitude de se coucher si tard : c'est ça qui l'aura énervée... Continuons la liste, c'est plus intéressant, dit Kampf.

III

Au milieu de la nuit, miss Betty fut réveillée par un bruit de sanglots dans la chambre voisine. Elle alluma l'électricité, écouta un moment à travers le mur. C'était la première fois qu'elle entendait pleurer la petite : quand Mme Kampf grondait, Antoinette, d'ordinaire, réussissait à ravaler ses larmes et ne disait rien.

— *What's the matter with you, child ? Are you ill*[1] *?* demanda l'Anglaise.

Immédiatement les sanglots cessèrent.

— Je suppose, votre mère vous a grondée, c'est pour votre bien, Antoinette... demain vous lui demanderez pardon, vous vous embrasserez et ce sera fini ; mais à cette heure il faut dormir ; voulez-vous une tasse de tilleul chaud ? Non ? Vous pourriez me répondre, ma chérie, achevat-elle comme Antoinette se taisait. Oh ! *dear*[2]*, dear*, c'est bien laid, une petite fille qui boude ; vous faites de la peine à votre ange gardien...

Antoinette grimaça : « sale Anglaise » et tendit vers le mur ses faibles poings crispés. Sales égoïstes, hypocrites, tous, tous... Ça leur était bien égal qu'elle suffoquât, toute seule, dans le noir à force de pleurer, qu'elle se sentît misérable et seule comme un chien perdu...

Personne ne l'aimait, pas une âme au monde... Mais ils ne voyaient

1. Qu'avez-vous, mon enfant ? Êtes-vous malade ?
2. Mon dieu.

donc pas, aveugles, imbéciles, qu'elle était mille fois plus intelligente, plus précieuse, plus profonde qu'eux tous, ces gens qui osaient l'élever, l'instruire… Des nouveaux riches grossiers, incultes… Ah ! comme elle avait ri d'eux toute la soirée, et ils n'avaient rien vu, naturellement… elle pouvait pleurer ou rire sous leurs yeux, ils ne daignaient rien voir… une enfant de quatorze ans, une gamine, c'est quelque chose de méprisable et de bas comme un chien… de quel droit ils l'envoyaient se coucher, la punissaient, l'injuriaient ? « Ah ! je voudrais qu'ils meurent. » Derrière le mur, on entendait l'Anglaise respirer doucement en dormant. De nouveau Antoinette recommença à pleurer, mais plus bas, goûtant les larmes qui coulaient sur les coins de sa bouche et à l'intérieur des lèvres ; brusquement, un étrange plaisir l'envahit ; pour la première fois de sa vie, elle pleurait ainsi, sans grimaces, ni hoquets, silencieusement, comme une femme… Plus tard, elle pleurerait, d'amour, les mêmes larmes… Un long moment, elle écouta rouler les sanglots dans sa poitrine comme une houle[1] profonde et basse sur la mer… sa bouche trempée de larmes avait une saveur de sel et d'eau… Elle alluma la lampe et regarda curieusement son miroir. Elle avait les paupières gonflées, les joues rouges et marbrées. Comme une petite fille battue. Elle était laide, laide… Elle sanglota de nouveau.

« Je voudrais mourir, mon Dieu faites que je meure… mon Dieu, ma bonne sainte Vierge, pourquoi m'avez-vous fait naître parmi eux ? Punissez-les, je vous en supplie… Punissez-les une fois, et puis, je veux bien mourir… »

Elle s'arrêta et dit tout à coup, à voix haute :

« Et sans doute, c'est tout des blagues, le bon Dieu, la Vierge, des blagues comme les bons parents des livres et l'âge heureux… »

Ah ! oui, l'âge heureux, quelle blague, hein, quelle blague ! Elle répéta

1. Le mouvement ondulant des vagues.

Irène Némirovsky, *Le Bal*

rageusement en mordant ses mains si fort qu'elle les sentit saigner sous ses dents :

« Heureux... heureux... j'aimerais mieux être morte au fond de la terre... »

L'esclavage, la prison, aux mêmes heures répéter de jour en jour les mêmes gestes... Se lever, s'habiller... les petites robes sombres, les grosses bottines, les bas à côtes, exprès, exprès comme une livrée[1], pour que personne dans la rue ne suive un instant du regard cette gamine insignifiante qui passe... Imbéciles, vous ne lui verrez jamais plus cette chair de fleur et ces paupières lisses, intactes, fraîches et cernées, et ces beaux yeux effrayés, effrontés, qui appellent, ignorent, attendent... Jamais, jamais plus... Attendre... et ces mauvais désirs... Pourquoi cette envie honteuse, désespérée, qui ronge le cœur en voyant passer deux amoureux au crépuscule, qui s'embrassent en marchant et titubent doucement, comme ivres... Une haine de vieille fille à quatorze ans ? Elle sait bien pourtant qu'elle aura sa part ; mais c'est si long, ça ne viendra jamais, et, en attendant, la vie étroite, humiliée, les leçons, la dure discipline, la mère qui crie...

« Cette femme, cette femme qui a osé me menacer ! »

Elle dit exprès à voix haute :

« Elle n'aurait pas osé... »

Mais elle se rappelait la main levée.

« Si elle m'avait touchée, je la griffais, je la mordais, et puis... on peut toujours s'échapper... et pour toujours... la fenêtre... » pensa-t-elle fiévreusement.

Et elle se vit sur le trottoir, couchée, en sang... Pas de bal le 15... On dirait : « Cette petite, elle ne pouvait pas choisir un autre jour pour se tuer... » Comme sa mère avait dit : « Je veux vivre, moi, moi... » Peut-

[1]. Un habit de domestique.

être, au fond, cela faisait plus mal encore que le reste… Jamais Antoinette n'avait vu dans les yeux maternels ce froid regard de femme, d'ennemie…

« Sales égoïstes ; c'est moi qui veux vivre, moi, moi, je suis jeune, moi… Ils me volent, ils volent ma part de bonheur sur la terre… Oh ! pénétrer dans ce bal par miracle, et être la plus belle, la plus éblouissante, les hommes à ses pieds ! »

Elle chuchota :

« Vous la connaissez ? C'est Mlle Kampf. Elle n'est pas régulièrement jolie, si vous voulez, mais elle a un charme extraordinaire… et si fine… elle éclipse toutes les autres n'est-ce pas ? Quant à sa mère, elle a l'air d'une cuisinière à côté d'elle… »

Elle posa sa tête sur l'oreiller trempé de larmes et ferma les yeux ; une espèce de molle et lâche volupté[1] détendait doucement ses membres las. Elle toucha son corps à travers la chemise, avec des doigts légers, tendrement, respectueusement… Beau corps préparé pour l'amour… Elle murmura :

– Quinze ans, ô Roméo, l'âge de Juliette…

Quand elle aura quinze ans, la saveur du monde sera changée…

IV

Le lendemain, Mme Kampf ne parla pas à Antoinette de la scène de la veille ; mais tout le temps que dura le déjeuner, elle s'attacha à faire sentir à sa fille sa mauvaise humeur par une série de ces réprimandes brèves où elle excellait quand elle était en colère.

1. Impression très agréable de plaisir.

Irène Némirovsky, *Le Bal*

— À quoi rêves-tu avec cette lèvre qui pend ? Ferme la bouche, respire par le nez. Comme c'est aimable pour des parents, une fille qui est toujours dans les nuages... Fais donc attention, comment est-ce que tu manges ? Tu as taché la nappe, je parie... Tu ne peux pas manger proprement à ton âge ? Et ne fais pas aller tes narines, je te prie, ma fille... tu dois apprendre à écouter les observations sans faire cette tête... tu ne daignes pas répondre ? tu as avalé ta langue ? Bon, des larmes maintenant, continua-t-elle en se levant et en jetant sa serviette sur la table ; tiens, j'aime mieux m'en aller que de voir cette figure devant moi, petite sotte.

Elle sortit en poussant violemment la porte ; Antoinette et l'Anglaise demeurèrent seules en face du couvert défait.

— Finissez donc votre dessert, Antoinette, chuchota Miss : vous serez en retard pour votre leçon d'allemand.

Antoinette, d'une main tremblante, porta à sa bouche le quartier de l'orange qu'elle venait de peler. Elle s'attachait[1] à manger lentement, calmement, pour que le domestique, immobile derrière sa chaise, pût la croire indifférente à ces criailleries, méprisant « cette femme » ; mais, malgré elle, des larmes s'échappaient de ses paupières gonflées et coulaient rondes et brillantes sur sa robe.

Un peu plus tard, Mme Kampf entra dans la salle d'études ; elle tenait à la main le paquet d'invitations préparées :

— Tu vas à ta leçon de piano après le goûter, Antoinette ? Tu remettras à Isabelle son enveloppe et vous mettrez le reste à la poste, Miss.

— Yes, Mrs. Kampf.

Le bureau de poste était plein de monde ; miss Betty regarda l'heure :

— Oh... nous n'avons pas le temps, il est tard, je passerai à la poste

1. S'appliquait.

pendant votre leçon, chérie, dit-elle en détournant les yeux et les joues
plus rouges encore qu'à l'ordinaire : ça vous… ça vous est égal, n'est-ce
pas, chérie ?

– Oui, murmura Antoinette.

Elle ne dit plus rien ; mais, quand miss Betty, en lui recommandant
de se dépêcher, l'eut laissée devant la maison où habitait Mlle Isabelle,
Antoinette attendit un instant, dissimulée dans l'embrasure de la porte
cochère et elle aperçut l'Anglaise qui se hâtait vers un taxi arrêté au coin
de la rue. La voiture passa tout près d'Antoinette qui se haussait sur les
pointes et regardait curieusement et peureusement à l'intérieur. Mais
elle ne vit rien. Un moment elle demeura immobile, suivant des yeux
le taxi qui s'éloignait.

« Je pensais bien qu'elle avait un amoureux… ils s'embrassent
sans doute à présent comme dans les livres… Est-ce qu'il lui dit : "Je
t'aime…" ? Et elle ? Est-ce qu'elle est… sa maîtresse ? pensa-t-elle
encore avec une sorte de honte, de dégoût violent, mêlés d'obscure
souffrance : libre, seule avec un homme… comme elle est heureuse…
ils iront au Bois, sans doute. Je voudrais que maman les voie… ah !
je voudrais ! murmura-t-elle en serrant les poings : mais non, les
amoureux ont du bonheur… ils sont heureux, ils sont ensemble, ils
s'embrassent… Le monde entier est plein d'hommes et de femmes qui
s'aiment… Pourquoi pas moi ? »

Son cartable d'écolière traînait devant elle, balancé à bout de bras.
Elle le regarda avec haine, puis soupira, tourna lentement les talons, traversa la cour. Elle était en retard. Mlle Isabelle dirait : « On ne t'apprend
donc pas que l'exactitude est le premier devoir d'une enfant bien élevée
envers ses professeurs, Antoinette ? »

« Elle est bête, elle est vieille, elle est laide… » pensa-t-elle avec
exaspération.

Irène Némirovsky, *Le Bal*

Tout haut, elle dévida[1] :

– Bonjour, mademoiselle, c'est maman qui m'a retenue ; ce n'est pas de ma faute et elle m'a dit de vous remettre ceci…

Comme elle tendait l'enveloppe, elle ajouta avec une brusque inspiration :

– … Et elle a demandé que vous me laissiez partir cinq minutes plus tôt que d'habitude…

Comme cela elle verrait peut-être revenir Miss accompagnée.

Mais Mlle Isabelle n'écoutait pas. Elle lisait l'invitation de Mme Kampf. Antoinette vit rougir brusquement ses longues joues brunes et sèches.

– Comment ? Un bal ? Ta mère donne un bal ?

Elle tournait et retournait la carte entre ses doigts, puis elle la passa furtivement sur le dos de sa main. Était-elle gravée ou imprimée seulement ? Cela faisait au moins quarante francs de différence… Elle reconnut aussitôt la gravure au toucher… Elle haussa les épaules avec humeur. Ces Kampf avaient toujours été d'une vanité et d'une prodigalité[2] folles… Autrefois, quand Rosine travaillait à la Banque de Paris (et il n'y avait pas si longtemps de cela, mon Dieu !), elle dépensait son mois tout entier en toilettes… elle portait du linge de soie… des gants frais toutes les semaines… Mais elle allait dans les maisons de rendez-vous, sans doute… Seules, ces femmes-là avaient du bonheur… Les autres… Elle murmura amèrement :

– Ta mère a toujours eu de la chance…

« Elle rage », se dit Antoinette ; elle demanda avec une petite grimace malicieuse :

– Mais vous viendrez sûrement, n'est-ce pas ?

1. Mentit.
2. Tendance aux dépenses excessives.

– Je vais te dire, je ferai l'impossible parce que j'ai vraiment beaucoup envie de voir ta mère, dit Mlle Isabelle ; mais, d'autre part, je ne sais pas encore si je pourrai… Des amis, les parents d'une petite élève, ce sont les Gros, Aristide Gros, l'ancien chef de cabinet, ton père en a sûrement entendu parler, je les connais depuis des années – ils m'ont invitée au théâtre, et j'ai formellement promis, tu comprends ?… Enfin, je tâcherai d'arranger ça, conclut-elle sans préciser davantage : mais, en tous les cas, tu diras à ta mère que je serai enchantée, charmée de passer un moment avec elle…

– Bien, mademoiselle.

– Maintenant, travaillons, allons, assieds-toi…

Antoinette fit virer lentement le tabouret de peluche devant le piano. Elle aurait pu dessiner de mémoire les taches, les trous de l'étoffe… Elle commença ses gammes. Elle fixait avec une morne application un vase sur la cheminée, peint en jaune, noir de poussière à l'intérieur… Jamais une fleur… Et ces hideuses petites boîtes en coquillages sur les étagères… Comme c'était laid, misérable et sinistre, ce petit appartement noir où on la traînait depuis des années…

Tandis que Mlle Isabelle disposait les partitions, elle tourna furtivement la tête vers la fenêtre… (Il devait faire très beau au Bois, au crépuscule, avec ces arbres nus, délicats d'hiver et ce ciel blanc comme une perle…) Trois fois par semaine, toutes les semaines, depuis six ans… Est-ce que cela durerait jusqu'à ce qu'elle meure ?

– Antoinette, Antoinette, comment tiens-tu les mains ? Recommence-moi ça, je te prie… Est-ce qu'il y aura beaucoup de monde chez ta mère ?

– Je crois que maman a invité deux cents personnes.

– Ah ! Elle croit qu'il y aura suffisamment de place ? Elle ne craint pas qu'il fasse trop chaud, qu'on soit trop à l'étroit ? Joue plus fort,

Irène Némirovsky, *Le Bal*

Antoinette, du nerf ; ta main gauche est molle, ma petite… Cette gamme-ci pour la prochaine fois et l'exercice n° 18 du troisième cahier de Czerny[1]…

Les gammes, les exercices… pendant des mois et des mois : *La Mort d'Ase*, les *Chansons sans paroles* de Mendelssohn[2], la Barcarolle[3] des *Contes d'Hoffmann*[4]… Et sous ses doigts raides d'écolière, tout cela se fondait en une espèce d'informe et bruyante clameur…

Mlle Isabelle battait fortement la mesure avec un cahier de notes roulé dans ses mains.

– Pourquoi appuies-tu ainsi tes doigts sur les touches ? *Staccato*[5], *Staccato*… Tu crois que je ne vois pas comment tu tiens l'annulaire et l'auriculaire ? Deux cents personnes, tu dis ? Tu les connais tous ?

– Non.

– Est-ce que ta mère va mettre sa nouvelle robe rose de Premet[6] ?

– …

– Et toi ? Tu assisteras au bal, je suppose ? Tu es assez grande !

– Je ne sais pas, murmura Antoinette avec un frémissement douloureux.

– Plus vite, plus vite… voilà dans quel mouvement ça doit être joué… une, deux, une, deux, une, deux… Allons, tu dors, Antoinette ? La suite, ma petite fille…

La suite… ce passage hérissé de dièses[7] où l'on bute à chaque coup… Dans l'appartement voisin un petit enfant qui pleure… Mlle Isabelle a

1. Compositeur autrichien (1791-1857).
2. Compositeur allemand (1809-1847).
3. Chanson à trois temps des gondoliers de Venise.
4. Opéra de Jacques Offenbach (1819-1880).
5. En détachant les notes.
6. Couturier célèbre du début du xx[e] siècle.
7. Demi-tons.

allumé la lampe… Dehors, le ciel s'est assombri, effacé… La pendule sonne quatre fois… Encore une heure perdue, sombrée, qui a coulé entre les doigts comme l'eau et qui ne reviendra plus… « Je voudrais m'en aller très loin ou bien mourir… »

305 – Tu es fatiguée, Antoinette ? Déjà ? À ton âge, je jouais six heures par jour… Attends donc un peu, ne cours pas si vite, comme tu es pressée… À quelle heure faudra-t-il que je vienne le 15 ?

– C'est écrit sur la carte. Dix heures.

– C'est très bien. Mais je te verrai avant.

310 – Oui, mademoiselle…

Dehors, la rue était vide. Antoinette se colla contre le mur et attendit. Au bout d'un instant, elle reconnut le pas de miss Betty qui se hâtait au bras d'un homme. Elle se jeta en avant, buta dans les jambes du couple. Miss Betty poussa un faible cri.

315 – Oh, miss, je vous attends depuis un grand quart d'heure…

Un éclair elle eut presque sous les yeux le visage de Miss tellement changé qu'elle s'arrêta comme si elle hésitait à le reconnaître. Mais elle ne vit pas la petite bouche pitoyable, ouverte, meurtrie comme une fleur forcée[1] ; elle regardait avidement « l'homme ».

320 C'était un très jeune homme. Un étudiant. Un collégien peut-être, avec cette tendre lèvre enflammée par les premiers coups de rasoir… de jolis yeux effrontés… Il fumait. Tandis que Miss balbutiait des excuses, il dit tranquillement à haute voix :

– Présentez-moi, ma cousine.

325 – *My cousin, Ann-toinette*, souffla miss Betty.

Antoinette tendit la main. Le garçon rit un peu, se tut ; puis il parut réfléchir et enfin proposa :

1. Dont on a accéléré la croissance.

Irène Némirovsky, *Le Bal*

– Je vous accompagne, n'est-ce pas ?

Tous les trois ils descendirent en silence la petite rue vide et noire. Le vent poussait contre la figure d'Antoinette un air frais, mouillé de pluie, comme embué de larmes. Elle ralentit le pas, regarda les amoureux qui marchaient devant elle sans rien dire, serrés l'un contre l'autre. Comme ils allaient vite... Elle s'arrêta. Ils ne détournèrent même pas la tête. « Si une voiture m'écrasait, est-ce qu'ils entendraient seulement ? » pensa-t-elle avec une singulière amertume. Un homme qui passait la heurta ; elle eut un mouvement effrayé de recul. Mais ce n'était que l'allumeur de réverbères[1] ; elle vit comme il les touchait un à un avec sa longue perche, et ils s'enflammaient brusquement dans la nuit. Toutes ces lumières qui clignotaient et vacillaient comme des bougies au vent... Tout à coup, elle eut peur. Elle courut en avant de toutes ses forces.

Elle rejoignit les amoureux devant le pont Alexandre III. Ils se parlaient très vite, très bas dans la figure. En apercevant Antoinette, le garçon eut un geste impatienté. Miss Betty se troubla un moment ; puis, saisie d'une brusque inspiration, elle ouvrit son sac, en tira le paquet d'enveloppes.

– Tenez, chérie, voilà les invitations de votre maman que je n'ai pas encore mises à la poste... Courez vite jusqu'à ce petit bureau de tabac, là, dans la petite rue à gauche... vous voyez la lumière ? Vous les jetterez à la boîte. Nous vous attendons ici...

Elle fourra le paquet préparé dans la main d'Antoinette ; puis elle s'éloigna précipitamment. Au milieu du pont, Antoinette la vit s'arrêter de nouveau, attendre le garçon en baissant la tête. Ils s'appuyèrent contre le parapet.

1. Employé chargé d'allumer chaque soir les réverbères qui fonctionnaient alors au gaz.

Antoinette n'avait pas bougé. À cause de l'obscurité, elle ne voyait que deux ombres confuses et tout autour la Seine noire et pleine de reflets. Même quand ils s'embrassèrent, elle devina plutôt qu'elle ne vit le fléchissement, l'espèce de chute molle de deux visages l'un contre l'autre ; mais elle tordit brusquement les mains comme une femme jalouse... Dans le mouvement qu'elle fit, une enveloppe s'échappa et tomba à terre. Elle eut peur et la ramassa à la hâte, et, au même instant, elle eut honte de cette peur : quoi ? toujours trembler comme une petite fille ? Elle n'était pas digne d'être une femme. Et ces deux-là qui s'embrassaient toujours ? Ils n'avaient pas dénoué les lèvres... Une espèce de vertige s'empara d'elle, un besoin sauvage de bravade et de mal. Les dents serrées, elle saisit toutes les enveloppes, les froissa dans ses mains, les déchira et les lança toutes ensemble dans la Seine. Un long moment, le cœur dilaté, elle les regarda qui flottaient contre l'arche du pont. Et puis, le vent finit par les emporter dans l'eau.

© Éditions Grasset.

ative culture...

L'enfance heurtée par l'histoire

FRED UHLMAN (1901-1985)
L'Ami retrouvé, 1971

À Stuttgart, en 1932, Hans Schwartz, fils d'un médecin juif, se lie d'amitié avec l'un de ses camarades de lycée, Conrad von Hohenfels. Hans s'aperçoit cependant bien vite que son ami tâche d'éviter qu'il rencontre ses parents.

XV

Mais vint le jour où le doute ne fut plus permis.

Ma mère m'avait pris un billet pour une représentation de *Fidelio*[1], dirigée par Furtwängler[2], et j'étais assis dans un fauteuil d'orchestre[3], attendant le lever du rideau. Les violons commencèrent à s'accorder, puis à jouer en sourdine, et une foule élégante emplit la salle de l'Opéra, l'un des plus beaux d'Europe. Le président de la République en personne nous honorait de sa présence.

Mais peu de gens le regardaient. Tous les yeux se tournaient vers la porte, près du premier rang des fauteuils d'orchestre, par laquelle, lentement et majestueusement, les Hohenfels faisaient leur entrée. Avec un mouvement de surprise et quelque difficulté, je reconnus mon ami, un étrange et élégant jeune homme en smoking. Il était suivi de la comtesse, en robe noire avec un étincelant diadème, un collier et des boucles d'oreilles, le tout fait de diamants qui projetaient une lumière bleuâtre

1. Opéra de Beethoven, joué pour la première fois en 1804.
2. Compositeur et chef d'orchestre allemand (1886-1954).
3. Fauteuil situé devant la fosse des musiciens, près de la scène.

sur sa peau mate. Puis venait le comte, que je voyais maintenant pour la première fois ; il avait une moustache et des cheveux gris et une étoile incrustée de diamants brillait sur sa poitrine. Ils se dressaient là, unis, supérieurs, escomptant que les assistants les contempleraient bouche bée, hommage[1] que leur conféraient neuf siècles d'histoire. Ils se décidèrent enfin à gagner leur place. Le comte ouvrait la marche et la comtesse le suivait, la lueur irisée[2] que jetaient ses diamants dansant autour de sa jolie tête. Puis venait Conrad qui, avant de s'asseoir, jeta sur l'auditoire un regard circulaire, s'inclinant lorsqu'il reconnaissait quelqu'un, aussi sûr de lui que son père. Tout à coup, il m'aperçut, mais sans me donner le moindre signe de reconnaissance ; puis son regard erra autour des fauteuils d'orchestre, se leva vers les balcons et se rabaissa. Il m'a vu, assurément, me dis-je, car j'étais convaincu que ses yeux en rencontrant les miens avaient enregistré ma présence. Puis le rideau se leva et les Hohenfels, ainsi que nous autres, quantité négligeable, restâmes plongés dans l'obscurité jusqu'au premier entracte.

Dès que le rideau tomba et sans attendre que les applaudissements se fussent éteints, je me rendis au foyer, une vaste salle ornée de colonnes de marbre corinthiennes[3], de lustres de cristal, de glaces aux cadres dorés, de tapis rouge cyclamen[4] et tendue de papier peint couleur de miel. Là, appuyé contre l'une des colonnes et m'efforçant d'avoir l'air hautain et dédaigneux, j'attendis l'apparition des Hohenfels. Mais quand je les vis enfin, j'eus envie de m'enfuir. Ne vaudrait-il pas mieux écarter la pointe de la dague qui, je le savais par l'atavique[5] intuition d'un enfant juif,

1. Témoignage de respect.
2. Aux reflets colorés.
3. De style grec.
4. Fleur à la teinte rouge pourpre.
5. Héréditaire.

Fred Uhlman, L'Ami retrouvé

me serait, dans quelques minutes, plongée dans le cœur ? Pourquoi ne pas éviter la souffrance ? Pourquoi risquer de perdre un ami ? Pourquoi demander des preuves au lieu de laisser s'endormir le soupçon ? Mais je n'eus pas la force de fuir, de sorte que, me raidissant contre la douleur, appuyé contre la colonne, je me préparai à l'exécution.

Lentement et majestueusement, les Hohenfels se rapprochèrent. Ils marchaient côte à côte, la comtesse au milieu, faisant des signes de tête à des connaissances en agitant une main couverte de bagues avec un léger mouvement d'éventail, les lueurs que jetaient son collier et son diadème l'aspergeant de perles lumineuses pareilles à des gouttes d'eau cristallines. Le comte inclina légèrement la tête à l'adresse de diverses personnes et du président de la République, qui répondit par un profond salut. La foule leur faisait place et leur procession royale poursuivait son chemin sans obstacle, superbe et impressionnante.

Ils avaient encore une dizaine de mètres à faire avant d'arriver jusqu'à moi, qui voulais connaître la vérité. Aucune échappatoire n'était possible. Cinq mètres nous séparaient, puis quatre. Il me vit soudain, sourit, toucha de la main droite le revers de son smoking comme s'il voulait en faire tomber un grain de poussière... et ils me dépassèrent. Ils continuèrent à avancer avec solennité comme s'ils suivaient l'invisible sarcophage de porphyre[1] de l'un des princes de la Terre, au rythme de quelque inaudible marche funèbre, sans cesser de sourire et de lever la main comme s'ils voulaient bénir la foule. Lorsqu'ils atteignirent l'extrémité du foyer, je les perdis de vue, mais quelques minutes plus tard, le comte et la comtesse revinrent... sans Conrad. Passant et repassant, ils acceptaient l'hommage des spectateurs.

1. Pierre très dure dans laquelle les Égyptiens taillaient les sarcophages des pharaons.

⁶⁵ Quand la sonnette retentit pour le deuxième acte, j'abandonnai mon poste, rentrai chez moi, et, sans être vu de mes parents, allai tout droit me coucher.

Cette nuit-là, je dormis mal. Je rêvai que deux lions et une lionne m'attaquaient et je dus crier car je m'éveillai pour voir mes parents pen-
⁷⁰ chés au-dessus de mon lit. Mon père prit ma température, mais ne me trouva rien d'anormal et, le lendemain matin, j'allai au lycée comme à l'ordinaire, bien que je me sentisse aussi affaibli que si je relevais d'une longue maladie. Conrad n'était pas arrivé. Je gagnai directement ma place, et, faisant semblant de corriger un devoir du soir, je ne levai pas
⁷⁵ les yeux quand il entra. Il alla, lui aussi, directement à sa place et se mit à disposer ses livres et ses crayons sans me regarder. Mais dès que la cloche eut annoncé la fin du cours, il vint à moi, mit ses mains sur mes épaules – ce qu'il n'avait jamais fait auparavant – et me posa quelques questions, mais non celle qu'il eût fallu poser : si j'avais aimé *Fidelio*.

⁸⁰ Je lui répondis aussi naturellement que possible et, à la fin de la classe, il m'attendit et nous rentrâmes ensemble comme si rien n'était survenu. Pendant une demi-heure, je continuai à feindre[1], mais je savais parfaitement qu'il savait ce qui se passait en moi, sinon il n'eût pas écarté le sujet qui avait pour tous deux la plus grande importance :
⁸⁵ la soirée de la veille. Puis, alors que nous étions sur le point de nous séparer et que s'ouvrait la grille, je me tournai vers lui et dis : « Conrad, pourquoi as-tu fait semblant de ne pas me voir hier ? »

Il devait s'être attendu à cette question, mais elle lui causa tout de même un choc. Il rougit, puis devint très pâle. Peut-être avait-il espéré
⁹⁰ qu'après tout je ne la lui poserais pas et qu'après avoir boudé quelques

1. Faire semblant.

jours j'oublierais ce qui était arrivé. Une chose était claire : il n'était pas préparé à être interrogé sans détour et il se mit à bredouiller quelques mots tels que « je n'ai pas fait semblant de ne pas te voir », « tu imagines des choses », « tu es hypersensible », et « je n'ai pu quitter mes parents ».

Mais je refusai de l'entendre. « Écoute, Conrad, dis-je, tu sais parfaitement bien que j'ai raison. Crois-tu que je ne me rende pas compte que tu ne m'as invité chez toi que lorsque tes parents étaient absents ? Crois-tu vraiment que j'aie imaginé des choses, hier soir ? Il me faut savoir où j'en suis. Je ne veux pas te perdre, tu le sais… J'étais seul avant ta venue et je serais plus seul encore si tu me rejetais, mais je ne puis supporter l'idée que tu as trop honte de moi pour me présenter à tes parents. Comprends-moi. Je ne me soucie guère de relations sociales avec tes parents, sinon une fois pour cinq minutes, de façon à ne pas me sentir un intrus chez toi. D'ailleurs, je préfère être seul plutôt qu'humilié. Je vaux autant que tous les Hohenfels du monde. Sache que je ne permettrai à personne de m'humilier, fût-il roi, prince ou comte. »

Courageuses paroles, mais j'étais maintenant au bord des larmes et n'eus guère pu poursuivre si Conrad ne m'avait interrompu. « Mais je n'ai aucune envie de t'humilier. Comment le pourrais-je ? Tu es, tu le sais, mon seul ami. Et tu sais que je t'aime plus que quiconque. Tu sais que j'étais seul, moi aussi, et que si je te perdais, je perdrais l'unique ami en qui je puisse avoir confiance. Comment aurais-je pu avoir honte de toi ? Toute la classe ne connaît-elle pas notre amitié ? N'avons-nous pas voyagé ensemble tout alentour ? T'est-il jamais venu à l'idée que j'avais honte de toi ? Et tu oses insinuer une chose pareille !

– Oui, dis-je, maintenant plus calme, je te crois. Je te crois entièrement. Mais pourquoi, hier, étais-tu si différent ? Tu aurais pu me parler

un instant et te montrer conscient de mon existence. Je n'attendais pas grand-chose. Juste un signe de tête, un sourire, un geste de la main, cela eût suffi. Pourquoi es-tu si différent quand tes parents sont là ? Pourquoi n'ai-je pas fait leur connaissance ? Tu connais mon père et ma mère. Dis-moi la vérité. Il doit y avoir une raison pour que tu ne m'aies pas présenté à eux et la seule raison qui me vienne à l'esprit est que tu crains que tes parents ne soient réprobateurs[1] à mon égard. »

Il hésita un moment. « *Eh bien*, dit-il, *tu l'as voulu, George Dandin*[2], *tu l'as voulu*. Tu veux la vérité, tu l'auras. Comme tu l'as vu – et comment pouvais-tu ne pas le voir – je n'ai pas osé te présenter. La raison, j'en jure par tous les dieux, n'a rien à voir avec le fait d'être honteux – là tu es dans l'erreur – et est beaucoup plus simple et plus désagréable. Ma mère descend d'une famille polonaise distinguée, jadis royale, et elle hait les Juifs. Pendant des centaines d'années, les Juifs n'existaient pas pour les gens de cette sorte, ils étaient plus vils[3] que les serfs, l'excrément de la terre, des intouchables. Elle déteste les Juifs. Elle en a peur, bien qu'elle n'en ait jamais rencontré un seul. Si elle était mourante et que ton père pût la sauver, je ne suis pas certain qu'elle le ferait appeler. Elle n'admettra jamais l'idée de faire ta connaissance. Elle est jalouse de toi parce que toi, juif, tu t'es fait un ami de son fils. Elle pense que le fait qu'on me voie avec toi est une tache sur le blason[4] des Hohenfels. De plus, elle a peur de toi. Elle croit que tu as sapé[5] ma foi religieuse, que tu es au service de la juiverie mondiale, ce qui revient simplement à dire le bolchevisme[6], et que je serai la victime de tes machinations diaboliques.

1. Hostiles et critiques.
2. Personnage de *George Dandin ou le Mari confondu*, une comédie-ballet écrite par Molière en 1668.
3. Méprisables.
4. Symbole de noblesse porté sur un écu.
5. Détruit les bases.
6. Doctrine des partisans marxistes russes.

Ne ris pas, elle parle sérieusement. J'en ai discuté avec elle, mais elle se borne à répéter : "Mon pauvre enfant, ne vois-tu pas que tu es déjà entre leurs mains ? Tu parles déjà comme un Juif." Et si tu veux toute la vérité, il m'a fallu lutter pour chaque heure passée avec toi. Et le pire de tout est que je n'ai pas osé te parler hier soir parce que je ne voulais pas te blesser. Non, mon cher ami, tu n'as pas le droit de me faire des reproches, tu n'en as pas le droit, je t'assure. »

Je regardais fixement Conrad, qui, tout comme moi, était bouleversé.
« Et ton père ? balbutiai-je.
– Oh, mon père ! C'est différent. Peu lui importe qui je fréquente. Pour lui, un Hohenfels sera toujours un Hohenfels où qu'il soit et quelles que soient ses fréquentations. Si tu étais une juive, ce serait peut-être autre chose. Il te soupçonnerait de vouloir mettre le grappin sur moi. Et il n'aimerait pas ça du tout. Bien entendu, si tu étais immensément riche, il pourrait, je dis bien il pourrait, envisager la possibilité d'un mariage, mais, même alors, il détesterait blesser ma mère dans ses sentiments. Vois-tu, il est encore très amoureux d'elle. »

Jusqu'ici, il avait réussi à rester calme, mais soudain, emporté par l'émotion, il me cria : « Ne me regarde pas avec ces yeux de chien battu ! Suis-je responsable de mes parents ? Y suis-je pour quelque chose ? Me blâmerais-tu parce qu'ainsi va le monde ? N'est-il pas temps pour nous deux de faire preuve de maturité, de renoncer au rêve et d'affronter la réalité ? » Après cet éclat, il s'apaisa. « Mon cher Hans, dit-il avec une grande douceur, accepte-moi tel que j'ai été créé par Dieu et par des circonstances indépendantes de ma volonté. J'ai tenté de te cacher tout cela, mais j'aurais dû comprendre que je ne pourrais te leurrer[1] bien longtemps et avoir le courage de t'en parler avant. Mais je suis un lâche.

1. Tromper.

Je ne pouvais simplement pas supporter l'idée de te blesser. Pourtant, je ne suis pas entièrement à blâmer : tu rends vraiment très difficile à quiconque d'être à la hauteur de tes idées sur l'amitié ! Tu escomptes trop de simples mortels, mon cher Hans. Essaie donc de me comprendre et de me pardonner et continuons à être amis. »

Je lui tendis la main, n'osant le regarder en face, car nous aurions pu nous mettre à pleurer, tous deux ou l'un de nous. Nous n'avions que seize ans, après tout. Lentement, Conrad referma la grille de fer qui devait me séparer de son monde. Il savait et je savais que je ne pourrais jamais plus franchir cette frontière et que la résidence des Hohenfels m'était fermée à jamais. Il alla lentement jusqu'à la porte, toucha légèrement un bouton et la porte s'ouvrit silencieusement et mystérieusement. Il se retourna et me fit un signe de la main, mais je m'abstins de le lui rendre[1]. Mes mains étreignaient les barreaux de fer comme celles d'un prisonnier implorant sa délivrance. Les griffons[2], avec leur bec et leurs griffes comme des faucilles, abaissaient sur moi leur regard, élevant très haut et triomphalement l'écu des Hohenfels.

Il ne m'invita plus jamais chez lui et je lui sus gré d'en avoir le tact. Rien d'autre ne semblait avoir changé. Nous nous rencontrions comme auparavant, comme si rien n'était survenu, et il venait voir ma mère, mais de plus en plus rarement. Tous deux savions que les choses ne seraient jamais plus comme avant et que c'était le commencement de la fin de notre amitié et de notre enfance.

© Éditions Gallimard.

1. Je ne le lui rendis pas.
2. Sculptures représentant des animaux fabuleux à têtes d'aigle, avec un corps de lion et des pattes griffues.

ÉRIC-EMMANUEL SCHMITT (né en 1960)
L'Enfant de Noé, 2004

Afin d'échapper à la déportation, le narrateur, Joseph, un enfant juif de sept ans, a été confié aux bons soins d'un curé de campagne, le père Pons, qui dirige un pensionnat catholique. Il y rencontre Rudy, un adolescent.

– Tu n'es pas trop malheureux, ici ?
– Non, mon père.
J'avalai mes larmes et tentai de lui faire plaisir.
– J'ai bien aimé la messe. Et je suis content d'aller cette semaine au catéchisme.
– Tant mieux, dit-il sans conviction.
– Je crois que, plus tard, je serai catholique.
Il me regarda avec douceur.
– Tu es juif, Joseph, même si tu choisis ma religion, tu le demeureras.
– Qu'est-ce que ça veut dire, être juif ?
– Avoir été élu. Descendre du peuple choisi par Dieu il y a des milliers d'années.
– Il nous a choisis pourquoi ? Parce que nous étions mieux que les autres ? Ou moins bien ?
– Ni l'un ni l'autre. Vous n'avez aucun mérite ni défaut particulier. C'est tombé sur vous, c'est tout.
– Qu'est-ce qui est tombé sur nous ?
– Une mission. Un devoir. Témoigner devant les hommes qu'il n'y a qu'un seul Dieu et, à travers ce Dieu, forcer les hommes à respecter les hommes.
– J'ai l'impression que c'est raté, non ?

Le père ne répondit pas. Je repris.
- Si nous avons été élus, c'est comme cible. Hitler veut notre peau.
- Peut-être à cause de cela ? Parce que vous êtes un obstacle à sa barbarie. C'est la mission que Dieu vous a donnée qui est singulière. Pas votre peuple. Sais-tu qu'Hitler voudrait se débarrasser aussi des chrétiens ?
- Il ne peut pas, il y en a trop !
- Provisoirement, il en est empêché. Il a essayé en Autriche, il s'est vite arrêté. Cependant cela fait partie de son plan. Les juifs puis les chrétiens. Il attaque par vous. Il achèvera par nous.

Je compris que la solidarité motivait l'action du père, pas la seule gentillesse. Cela me rassura un peu. Je resongeai alors au comte et à la comtesse de Sully[1].
- Dites-moi, mon père, si je descends d'une race de plusieurs millénaires, respectable et tout ça, c'est que je suis noble ?

De surprise, il marqua une pause puis murmura :
- Oui, bien sûr, tu es noble.
- C'est bien ce qui me semblait.

J'étais apaisé d'obtenir la confirmation de mon intuition. Le père Pons poursuivit :
- Pour moi, tous les hommes le sont, nobles.

Je négligeai cet ajout afin de ne retenir que ce qui me comblait.

Avant de partir, il me tapota l'épaule.
- Je vais peut-être te choquer mais je ne veux pas que tu t'intéresses trop au catéchisme ni au culte. Contente-toi du minimum, veux-tu ?

Il s'éloigna, me laissant furieux. Ainsi, parce que j'étais juif, je n'avais

[1]. Joseph a été recueilli par ce couple avant d'arriver au pensionnat.

Éric-Emmanuel Schmitt, *L'Enfant de Noé*

pas vraiment droit au monde normal ! On ne me le prêtait que du bout des doigts. Je ne devais pas me l'approprier ! Les catholiques voulaient rester entre eux, bande d'hypocrites et de menteurs !

Hors de moi, je rejoignis Rudy et laissai exploser ma colère contre le père. Sans chercher à me calmer, il m'encouragea à prendre mes distances.

– Tu as raison de te méfier. Il n'est pas clair, ce coco[1]. J'ai découvert qu'il avait un secret.

– Quel secret ?

– Une autre vie. Une vie cachée. Une vie honteuse, sûrement.

– Quoi ?

– Non, je ne dois rien dire.

Je dus harceler Rudy jusqu'au soir avant que, d'épuisement, il finisse par me confier ce qu'il avait décelé.

Chaque nuit, après l'extinction des feux, lorsque les dortoirs étaient fermés, le père Pons descendait sans bruit les escaliers, déverrouillait la porte de derrière avec des précautions de cambrioleur et sortait dans le parc de l'école pour ne revenir que deux ou trois heures plus tard. Pendant le temps que durait son absence, il laissait brûler une veilleuse dans son appartement afin de faire croire qu'il s'y trouvait.

Rudy avait repéré puis vérifié ces allées et venues alors que lui-même s'échappait de son dortoir pour fumer aux toilettes.

– Où va-t-il ?

– Je n'en sais rien. Nous n'avons pas le droit de sortir de la Villa[2].

– Je vais le pister.

– Toi ! Tu n'as que six ans !

– Sept, en vérité. Presque huit.

1. Surnom donné aux communistes (familier).
2. Bâtiment du pensionnat.

— Tu seras renvoyé !

— Tu crois qu'on va me rendre à ma famille ?

Bien que Rudy refusât à grands cris de devenir mon complice, je lui extorquai néanmoins sa montre et j'attendis le soir avec impatience, sans avoir même à lutter contre le sommeil.

À neuf heures et demie, je me faufilai entre les lits jusqu'au couloir d'où, protégé par le gros poêle, je vis descendre le père Pons, glissant silencieusement telle une ombre le long des murs.

Diabolique et rapide, il fit jouer les verrous ventrus de la porte de derrière et se faufila dehors. Retardé par la minute qu'il me fallut pour pousser le battant sans grincements, je faillis perdre la trace de sa fine silhouette fuyant entre les arbres. Était-ce bien le même homme, ce digne prêtre sauveur d'enfants, qui filait à vive allure sous une lune borgne, plus souple qu'un loup, contournant les buissons et les souches dans lesquels, moi, je prenais mes pieds nus sans sabots ? Je tremblais qu'il ne me distançât. Pire, je redoutais qu'il disparût, tant il se révélait, ce soir, une créature maléfique acoquinée[1] aux plus étranges sortilèges.

Il ralentit dans la clairière où s'achevait le parc. Le mur d'enceinte s'élevait. Il n'y avait qu'une seule issue, la courte porte de fer donnant sur la route, à côté de la chapelle désaffectée. Pour moi, la poursuite s'arrêterait là : je n'oserais jamais le talonner, en pyjama, les pieds glacés, dans l'obscurité de la campagne inconnue. Mais il s'approcha de l'étroite église, sortit de sa soutane une clé démesurée, ouvrit la porte et la referma vivement à double tour derrière lui.

Ainsi, c'était cela, l'énigme du père Pons ? Il allait prier seul, en douce, le soir au fond du jardin ? J'étais déçu. Quoi de plus insignifiant !

1. Associée.

Éric-Emmanuel Schmitt, *L'Enfant de Noé*

Quoi de moins romanesque ! Grelottant de froid, les orteils humides, je n'avais plus qu'à rentrer.

Soudain la porte rouillée s'écarta et un intrus, venu de l'extérieur, pénétra dans l'enceinte, un sac sur le dos. Sans hésiter, il se dirigea vers la chapelle où il frappa plusieurs coups discrets, rythmés, qui obéissaient sans doute à un code.

Le père ouvrit, échangea avec l'inconnu quelques mots à voix basse, récupéra le sac puis se verrouilla derechef[1]. L'homme repartit sans attendre.

Je demeurai derrière mon tronc, interloqué. À quel trafic se livrait le père ? Que récoltait-il dans ce sac ? Je m'assis sur la mousse, le dos appuyé contre un chêne, décidé à attendre les prochaines livraisons.

Le silence de la nuit craquait de toutes parts, comme si un feu d'angoisse la consumait. Des bruits furtifs crépitaient, éclats sans suite, sans explication, déchirures brèves, plaintes aussi incompréhensibles que la douleur muette qui s'ensuivait. Mon cœur battait trop vite. Un étau écrasait mon crâne. Ma frayeur prenait les formes de la fièvre.

Une seule chose me rassurait : le tic-tac de la montre. À mon poignet, imperturbable, amicale, le cadran de Rudy ne se laissait pas impressionner par les ténèbres et continuait à mesurer le temps.

À minuit, le père sortit de l'église, la boucla avec soin et reprit la direction de la Villa.

Je faillis l'arrêter au passage tant j'étais épuisé mais il se faufila si vite entre les arbres que je n'en eus pas le temps.

Au retour, je manifestai moins de prudence qu'à l'aller. J'écrasai plusieurs fois des brindilles. À chaque claquement, le père s'arrêtait,

1. Une nouvelle fois.

inquiet, et scrutait les ténèbres. Parvenu à la Villa Jaune, il s'y engouffra et fit grincer les verrous derrière lui.

Me retrouver enfermé à l'extérieur du pensionnat, voilà ce que je n'avais pas prévu ! Le bâtiment se dressait droit, compact, sombre, hostile, devant moi. Le froid et la veillée avaient épuisé mes forces. Qu'allais-je faire ? Non seulement on découvrirait le lendemain que j'avais passé la nuit dehors mais où allais-je dormir maintenant ? Serais-je encore vivant demain matin ?

Je m'assis sur les marches et me mis à pleurer. Au moins, cela me réchauffait. Le chagrin me dictait une conduite : mourir ! Oui, le plus digne était de mourir, là, tout de suite.

Une main se posa sur mon épaule.

– Allez, rentre vite !

Je sursautai par réflexe. Rudy me lorgnait avec un visage triste.

– Lorsque je ne t'ai pas vu remonter derrière le père, j'ai compris que tu avais un problème.

Bien qu'il fût mon parrain, qu'il mesurât deux mètres de haut et que je dusse lui mener la vie dure si je voulais conserver mon autorité, je me jetai dans ses bras et j'acceptai, le temps de quelques larmes, de n'avoir que sept ans.

Le lendemain à la récréation, je confiai ce que j'avais découvert à Rudy. D'un air connaisseur, il lâcha son diagnostic :

– Marché noir ! Comme tout le monde, il fait du marché noir. Ce n'est rien d'autre.

– Qu'est-ce qu'il récupère dans ce sac ?

– De quoi manger, pardi !

– Pourquoi ne le rapporte-t-il pas ici, le sac ?

Rudy buta sur cette difficulté. Je continuai :

Éric-Emmanuel Schmitt, *L'Enfant de Noé*

– Et pourquoi passe-t-il deux heures dans la chapelle, sans une seule lumière ? Que fait-il ?

Rudy chercha une idée dans sa tignasse avec ses doigts.

– Je ne sais pas moi… Peut-être qu'il mange ce qu'il y a dans le sac !

– Le père Pons mangerait pendant deux heures, maigre comme il est ? Le contenu d'un si gros sac ? Tu crois à ce que tu dis ?

– Non.

Durant la journée j'observais le père Pons chaque fois que j'en avais l'occasion. Quel mystère cachait-il ? Il simulait si bien un comportement normal que j'en venais à avoir peur de lui. Comment pouvait-on feindre à ce point ? Comment pouvait-on donner autant le change ? Quelle horrible duplicité ! Et s'il était le diable en soutane ?

Avant le repas du soir, Rudy bondit joyeusement vers moi.

– J'ai trouvé : il fait de la résistance. Il doit avoir camouflé un émetteur radio dans la chapelle désaffectée. Chaque soir il reçoit des informations et il les transmet.

– Tu as raison !

Cette idée me plut aussitôt parce qu'elle sauvait le père Pons, réhabilitant le héros qui était venu me chercher chez les Sully.

Au crépuscule, le père Pons organisa dans la cour une partie de ballon prisonnier. Je renonçai à y jouer pour pouvoir mieux l'admirer, libre, gentil, rieur, parmi les enfants qu'il protégeait des nazis. Rien de démoniaque ne sourdait de lui. Seule la bonté perçait. Ça crevait les yeux.

© Éditions Albin Michel.
Collection « Classiques & Contemporains », n° 109, Magnard.

Jean-Claude Moscovici (né en 1936)
Voyage à Pitchipoï, 1995

En 1942, le narrateur et sa petite sœur, âgés respectivement de six et deux ans, sont déportés à Drancy.

Aux quatre coins, étaient plantés des miradors[1] d'où les gendarmes, aussi appelés gardes mobiles, nous surveillaient. La nuit tombée, de puissants projecteurs pouvaient balayer la cour et les façades.

Quand nous sommes arrivés, j'ai le souvenir d'avoir attendu devant une longue baraque en bois avant que nous soyons fouillés. Il y avait beaucoup d'enfants. J'avais toujours peur de perdre ma petite sœur. Après, on nous a donné à boire quelque chose qui ressemblait à de l'eau chaude au goût de chocolat. Ça nous a fait du bien. Puis on nous a conduits chez le coiffeur. Je ne sais plus si c'était le premier jour. On a fait asseoir ma sœur sur une chaise dont le siège était surélevé, et le coiffeur a pris sa tondeuse et a commencé à lui raser les cheveux. Les mèches tombaient de chaque côté sur le sol où il y en avait déjà beaucoup d'autres. Après ce fut mon tour.

Beaucoup d'enfants pleuraient. Des femmes essayaient de les consoler. La plupart d'entre eux, comme nous, qui avions toutefois la chance d'être ensemble, n'avaient pas non plus leurs parents, et étaient seuls. Il en était ainsi de presque tous les enfants qui étaient internés, comme les quatre mille qui, en deux semaines, sur l'initiative du gouvernement français de Vichy, et en particulier de son président Pierre Laval, étaient arrivés avant nous, arrachés à leurs parents, simplement parce qu'ils étaient juifs.

1. Hautes tours permettant de surveiller les camps de prisonniers.

Jean-Claude Moscovici, *Voyage à Pitchipoï*

On occupait à un étage un des grands locaux informes, réservé aux femmes et aux enfants, et qui devait correspondre à une construction non encore cloisonnée. Nous étions très nombreux. Le sol en ciment était bosselé. Des fenêtres sales on voyait de très hautes tours qui nous dominaient, où habitaient les gardes mobiles.

Ça sentait mauvais. On était les uns sur les autres. Tout le temps des enfants pleuraient, et parfois aussi des adultes.

Un matin, des médecins sont venus nous faire une piqûre sous la peau du ventre, après l'avoir badigeonnée de rouge.

La nuit, dans la lueur bleutée d'une unique veilleuse, couchés à même le sol, sur de la paille qui provenait de vieux matelas souillés et éventrés, on se serrait l'un contre l'autre pour se réchauffer. On était souvent réveillés par des cris d'enfants terrorisés sous l'emprise de leurs cauchemars, comme l'était aussi ma sœur.

On mangeait surtout de la soupe aux choux avec du pain, qui était apportée dans de grandes bassines, et que nous essayions de boire dans de vieilles boîtes de conserve récupérées. Un gendarme me donnait parfois, en cachette, un peu de pain en plus, rien qu'à moi. Nous le partagions, ma sœur et moi. Une fois, il m'apporta même un petit journal illustré que je gardai précieusement, et que je regardais sans cesse.

Bien des années plus tard, j'appris qu'une personne s'était présentée plusieurs fois à l'entrée du camp pour nous faire remettre des colis de vivres. Son étonnement fut grand de constater que le camp était sous la garde de Français, et non d'Allemands comme elle s'y attendait. Elle vint trois fois au cours de notre internement, et eut la possibilité de nous voir une fois, vision pénible dont sa mémoire et celle de sa fille, à peine plus âgée que moi, et qui l'accompagnait, ont gardé le

souvenir de la tristesse de nos regards et de notre état de dénutrition[1] et de misère.

Elle nous avait apporté un pot de confiture qu'elle avait faite, et demanda à l'un des gardes de nous le donner. Il refusa et, devant elles stupéfaites, l'ouvrit et goulûment la goûta avec ses doigts, les menaçant de les faire nous rejoindre si elles voyaient une objection[2] à cet état de fait. Ni le pot de confiture, ni aucun des colis ne nous parvint jamais.

On avait toujours faim et fréquemment mal au ventre. Il y avait sur le palier un seau hygiénique qui souvent débordait et répandait une odeur nauséabonde, mais les petits enfants n'avaient pas le temps d'y aller. Le jour, pour se soulager, on pouvait aller dans un long pavillon en briques qu'on appelait « le Château rouge ». Il y avait une planche sur toute la longueur avec plein de trous dedans, sur lesquels on s'asseyait, et tout le monde se voyait.

Pour se laver, un seul robinet sur un évier en forme d'auge[3] ouvrait plusieurs orifices d'où l'eau sortait en petits jets, et éclaboussait le sol en permanence mouillé.

Je faisais tout ce que je pouvais pour remplacer mes parents auprès de ma petite sœur. Je l'aidais à manger, j'essayais de la laver, de faire tenir ses vêtements, de la défendre, de la protéger de mon mieux dans cet univers hostile.

Cette femme que nous avions connue à la prison était toujours là, et s'occupait de nous ainsi que de ses propres enfants, et aussi, avec d'autres femmes, de tous les nombreux petits enfants seuls et désespérés. Parmi ces femmes, il y avait une jeune fille qui chantait souvent une

1. Faim chronique qui entraîne maigreur et faiblesse générale.
2. Raison de s'opposer.
3. Long et large récipient creux dans lequel on nourrit généralement le bétail.

chanson nostalgique dont le titre était. « La Rue de notre amour ». Je me souviens de certaines paroles comme : « les amoureux, dans les coins noirs… » J'aimais qu'elle chante, mais en même temps ça me rendait triste. Cette chanson et l'odeur de désinfectant qui régnait dans le camp se sont incrustées à tout jamais dans ma mémoire.

Pendant la journée, on restait dans la cour. On entendait parler d'autres langues que la nôtre. Il s'était formé, comme dans toutes les collectivités d'enfants, des petits groupes, par affinité. Nous faisions partie de l'un d'eux. Parfois on traversait la grande aile du bâtiment, parallèle à celle où nous étions, et on allait dans une autre cour plus petite où l'on avait le droit de jouer, mais on regardait surtout les plus grands le faire. Un après-midi, des Allemands sont venus nous photographier.

On parlait souvent d'un endroit où nous irions peut-être après Drancy, qui s'appelait Pitchipoï. Peut-être y retrouverions-nous nos parents ? C'était un lieu mystérieux où certains étaient déjà partis, mais dont personne ne semblait avoir de nouvelles. C'était à la fois la promesse de la liberté et l'angoisse de l'inconnu. Pitchipoï revenait souvent dans la conversation. On était toujours un peu en partance pour Pitchipoï.

De temps en temps, dans la grande cour, on assistait au suicide de personnes qui se jetaient du quatrième étage sur l'avancée en béton surplombant le rez-de-chaussée. On venait tout de suite les prendre sur une civière. On s'habituait à assister à de tels spectacles.

Un jour, dans la cour, par ce qui nous a semblé le plus grand des hasards, on a rencontré notre oncle, celui qui était resté à la maison jusqu'à notre départ[1], et était parti avec mes grands-parents. Ce fut un moment de joie et d'émotion intenses. On se retrouvait un peu en

1. Il s'agit ici du départ des enfants pour le camp de concentration.

famille, presque comme avant. On avait ainsi vécu des jours et des nuits tout près, sans soupçonner notre présence mutuelle. Il fut très affecté par notre état physique, et nous emmena dans des bureaux pour essayer de nous faire transférer dans d'autres locaux, ceux où nous vivions semblant ne pas être destinés aux Français que nous étions, mais essentiellement aux Polonais. Lui, qui bénéficiait du statut réservé aux Français, avait une chambre qu'il partageait avec quelques autres, moins sale, avec de vrais lits superposés, une petite table et des tabourets. Il était censé y rester jusqu'à la fin de la guerre.

On se rencontrait tous les jours. J'attendais avec impatience ce moment privilégié. Il fit beaucoup de démarches pour essayer de nous soustraire à notre condition si dure d'internement.

Une fois, alors que nous étions tous les trois dans la chambre qu'il occupait, il mit dans mes poches de petits papiers où était inscrite une adresse. Il me recommanda de les garder sur moi précieusement. C'était l'adresse de sa tante et de son oncle, qui vivaient à Paris, et que je connaissais bien. Ça m'a fait penser à l'histoire du Petit Poucet.

Puis un jour, environ un mois après notre arrivée, des gendarmes sont une fois encore venus nous chercher. On les a suivis avec chacun notre petit baluchon, sans même pouvoir prévenir notre oncle. Peut-être était-ce déjà le départ pour Pitchipoï ?

Je sus, bien des années après, que la semaine précédant notre départ, trois convois de mille personnes y étaient parvenus, emmenant aussi des enfants, qui depuis trois mois faisaient partie de ces voyages.

Ce fut en effet le 14 août 1942 qu'une note urgente et secrète, adressée par le lieutenant SS Röthke à l'attention, entre autres, du SS lieutenant-colonel Eichmann de l'état-major de l'Office central de la sécurité du Reich à Berlin, annonçait que « *ce jour, à 8 h 55, le convoi*

n° 901/14 a quitté la gare du Bourget-Drancy avec mille Juifs en tout, dont pour la première fois des enfants ».

Mais les gendarmes ne nous conduisirent pas à la gare. Pitchipoï n'était pas notre destination, mais Paris, à quelques kilomètres seulement des fils de fer barbelés du camp.

© L'École des Loisirs, 2009.

ÉCRIRE SES SOUVENIRS D'ENFANCE

Lire

G. Perec, *W ou le Souvenir d'enfance* (p. 11-15)

1 Lisez les pages 11 et 12. À quel moment commence le récit du « voyage à W » (l. 1) ?

2 Lignes 1 à 18 : expliquez pourquoi le narrateur a « longtemps hésité avant d'entreprendre le récit de [son] voyage à W » (l. 1).

3 Quelle est l'étymologie du verbe « persuader » (p. 11, l. 2) ? Quel sens a-t-il ici ? Peut-on le remplacer par le terme « convaincu » sans changer le sens du propos ?

4 Lignes 15 à 18 : qu'est-ce qui déstabilise le narrateur à propos de sa propre histoire ? Quel rôle jouent les « cartes », les « annuaires » et les « archives » dans l'écriture autobiographique ?

5 À la lecture des trois premiers paragraphes, quelles impressions se dégagent de l'île W ? Est-ce un lieu agréable ? Justifiez votre réponse par des mots du texte.

6 Page 14 : relevez les occurrences du mot « histoire ». A-t-il toujours le même sens ?

7 Quelle figure de style note-t-on page 15, ligne 100 ? Expliquez son sens.

N. Sarraute, *Enfance* (p. 16-19)

8 Que désigne l'adverbe « là-bas » (l. 18) ? Trouvez des synonymes de ce terme dans la suite du texte, pages 16 et 17.

9 Page 17 : selon la narratrice, pour l'autobiographe, c'est-à-dire celui qui écrit ses souvenirs, quel pouvoir les mots ont-ils ?

10 Qu'entend la narratrice lorsqu'elle dit : « Ce qui nous est resté des anciennes tentatives nous paraît toujours avoir l'avantage sur ce qui tremblote quelque part dans les limbes... » (l. 28-29) ?

11 Page 17 : quelle formule permet de raviver un premier souvenir ? Après avoir cherché le sens de ce mot, dites pourquoi l'on peut parler ici d'un « sésame ».

12 Lisez attentivement les lignes 45 à 102. Pour Nathalie Sarraute, quel est le matériau qui, dans les « limbes » de la mémoire, permet de former un souvenir ?

A. Nothomb, *Métaphysique des tubes* (p. 20-23)

13 Quel est le ton du récit ?

14 À quelle personne s'effectue la narration ? En quoi est-ce surprenant, par rapport aux récits de Georges Perec et de Nathalie Sarraute ?

15 De quel récit biblique Amélie Nothomb se sert-elle pour évoquer sa vie de nourrisson ? Selon vous, pour quelles raisons ?

16 Pages 21 et 22 : quelle aptitude, selon Amélie Nothomb, permet de dire qu'un individu « vit » et ne se contente pas d'« exister » ?

Écrire

17 À la manière de Nathalie Sarraute (p. 19, l. 78-102), évoquez l'un de vos souvenirs d'enfance émergeant grâce à une phrase que vous avez entendue : une comptine ou encore le passage d'une poésie ou d'une chanson.

18 Dans un dialogue, tentez de convaincre l'un des membres de votre famille d'écrire son autobiographie.

Chercher

19 Cherchez l'étymologie du terme « autobiographie ».

20 Cherchez ce qui distingue ces différents genres d'écriture autobiographique : le journal intime, la confession et le témoignage.

À SAVOIR — LES ENJEUX ET LES DIFFICULTÉS DE L'ÉCRITURE DE SOI

Écrire son autobiographie suppose, selon le chercheur Philippe Lejeune, de signer un **pacte** avec le lecteur. Ce « pacte autobiographique, déclare le critique, c'est l'engagement que prend un auteur de raconter directement sa vie (ou une partie, ou un aspect de sa vie) dans un esprit de **vérité**. » C'est sans doute dans cette expression que réside la première difficulté d'une telle écriture. En effet, comment être certain, lorsqu'on parle de son enfance, que ce que l'on dit est vrai ? Comme le propose Georges Perec, sans doute faut-il en passer par des **preuves matérielles** : archives, registres, photos de famille ou photos de classe. Cependant, même si elles existent, ces preuves de notre vie passée ne suffisent pas à définir notre propre **identité**, notre histoire particulière. Celle-ci, en effet, se cache dans les **limbes de notre mémoire**. Or, d'une part la mémoire ne permet pas de remonter jusqu'au début de la vie (Amélie Nothomb débute ainsi *Métaphysique des tubes* à la troisième personne du singulier, évoquant « Dieu », car elle est dans l'impossibilité de dire « je » avec la sincérité qui s'impose, n'ayant pas de souvenirs propres), et d'autre part, elle est incertaine et fragmentaire. Incertaine car, comme le précise Nathalie Sarraute, elle se récrit sans cesse au risque de se trahir, puisque les mots figent et prennent le pas sur les images floues qu'ils évoquent ; et fragmentaire car elle sélectionne certaines anecdotes au détriment des autres.

FIGURES MATERNELLES ET PATERNELLES

Lire

D. Chraïbi, *La Civilisation, ma Mère !...* (p. 24-32)

1 Quel effet produit le début du texte, lignes 1 à 31 ? Pourquoi ?

2 Choisissez trois adjectifs permettant de dresser le portrait de la mère des deux garçons.

3 À qui le narrateur compare-t-il sa mère (p. 27-28) ? Cette comparaison est-elle bien choisie ? Pourquoi ?

4 Comment les garçons expliquent-ils à leur mère l'arrivée de la radio et de l'électricité, autrement dit, de la modernité, dans la maison (p. 26-29) ? Relevez le vocabulaire qui justifie votre réponse. Pourquoi utilisent-ils ce stratagème ?

5 Quels sentiments éprouvent les garçons pour leur mère ? Que pensez-vous de la relation qu'ils entretiennent avec elle ?

6 Quel rôle joue Nagib dans la maison ? Et auprès de sa mère ?

7 Que représente l'avènement de la radio pour la mère du narrateur (p. 30-32) ? Justifiez votre réponse en citant les phrases du texte.

A. Ernaux, *La Place* (p. 33-38)

8 Qu'indiquent les expressions en italique, lignes 1, 5, 6 et 7 ? Plus particulièrement, quel est le registre de langue employé dans la phrase : « *La gosse n'est privée de rien.* » (l. 6) ?

9 Pour les parents de la narratrice, à quels domaines renvoie l'expression « avoir tout ce qu'il faut » (p. 33, l. 1) ? Selon vous, est-ce suffisant au bonheur de leur fille ?

10 Pourquoi la phrase de l'institutrice (l. 18-19) est-elle significative du malaise dont témoigne la narratrice ?

11 Lignes 20 à 47 : que symbolise le fait de posséder des biens matériels pour les parents de la narratrice ?

12 Lignes 38 à 40 : reformulez la détresse exprimée par la narratrice.

13 Commentez l'usage du terme « *déplacé* » (l. 48). En quoi la famille de la narratrice pourrait-elle être « déplacée » ? Quelle est donc sa place d'origine ?

14 L'erreur commise par le père de la narratrice chez le notaire (l. 50-52) met-elle en lumière un manque d'intelligence de sa part ?

15 À l'image de la radio qui aide la mère des garçons dans le texte de Driss Chraïbi, quelle technologie permet de nos jours d'acquérir une culture qui fait parfois défaut, comme en témoigne le problème posé par l'expression « en *costume de ville* » (p. 35, l. 67) ?

16 Que signifie le terme « indicible » (p. 37, l. 105) ? En quoi la formule « peur indicible du mot de travers » est-elle redondante ? Qu'exprime cette insistance ?

Écrire

17 Évoquez un souvenir dans lequel, durant votre enfance ou votre adolescence, vous avez eu honte du comportement « déplacé » de l'un de vos proches.

18 Après avoir relu les pages 24 à 32, racontez l'épisode de la découverte de l'électricité et du poste de radio du point de vue de la mère du narrateur.

Chercher

19 Qui est Marcel Proust, cité page 36, ligne 83 ? Dressez une biographie faisant apparaître les principales œuvres dont il est l'auteur.

20 Cherchez le sens du terme « esthétique », employé page 36, ligne 84. Que signifie-t-il précisément dans la phrase ?

21 Cherchez des informations sur Annie Ernaux. Quelle est sa profession ? Combien de romans a-t-elle écrits ? Quels prix a-t-elle reçus ? À la lumière de la dernière phrase de l'extrait (p. 38, l. 123-125), qu'en pensez-vous ?

Oral

Débat

22 À votre avis, quelles raisons poussent les lecteurs à lire une autobiographie ?

LES REGISTRES DE LANGUE

On définit habituellement trois registres de langue. Très employé, le **langage courant** fait appel à un vocabulaire correct, utilisé dans les conversations et les textes usuels. Le **langage soutenu** est réservé à un usage littéraire, formel ou respectueux : les mots sont soigneusement choisis, leur sens est précis, et ils indiquent souvent un soin particulier porté à la langue, ou encore la politesse et la bonne éducation du locuteur. L'expression « en *costume de ville* » (p. 35, l. 67) se réfère par exemple à un usage formel, en action dans les classes sociales relativement élevées. Le **langage familier** enfin, largement employé par les parents de la narratrice du texte d'Annie Ernaux, est d'ordinaire réservé aux échanges oraux. Il est imagé, comme en témoigne l'expression « Je n'ai pas quatre bras. » (p. 34, l. 26-27) Dans le texte littéraire, il contraste avec le vocabulaire courant et soutenu. Ici, il sert particulièrement le propos d'Annie Ernaux en marquant socialement les personnages qui l'emploient.

L'ENFANCE DÉRACINÉE

POUR COMPRENDRE

Lire

A. Cohen, *Le Livre de ma mère* (p. 39-42)

1 Quels déracinements subit le petit Albert ?

2 Page 39 : pour quelle raison la famille d'Albert accoste-t-elle à Marseille ?

3 Lignes 1 à 23 : quel sentiment domine Albert lors de ses premiers pas en France ? Justifiez votre réponse en citant les mots du texte.

4 Quelle image Albert garde-t-il de sa mère (p. 39-40) ?

R. Gary, *La Promesse de l'aube* (p. 43-50)

5 Quelle différence y a-t-il entre un « francophile » (l. 11) et un « francophone » ?

6 Lignes 56 à 196 : selon quelle méthode la mère du narrateur lui fait-elle connaître et aimer la France ?

7 Qui est Anna Karénine (citée ligne 46) ? Pourquoi est-il naturel que la mère du narrateur connaisse cette référence, cet « univers » ?

8 Pourquoi, selon vous, la mère du narrateur élimine-t-elle les cartes postales des Français illustres « ayant accédé à la gloire posthume » (l. 157) ?

9 Lignes 25 à 28 et 42 à 48 : le narrateur évoque-t-il un souvenir comme dans d'autres parties du texte ? Que fait-il précisément ?

É.-E. Schmitt, *Oscar et la dame rose* (p. 51-67)

10 Selon vous, s'agit-il ici d'un récit autobiographique ? Pourquoi ?

11 En quoi Oscar est-il un enfant déraciné ?

12 Oscar et les autres enfants sont malades. Que pensez-vous du ton de l'écriture des lettres ? Vous paraît-il pathétique ?

13 Lignes 98 à 101 : quelle impression Oscar ressent-il lorsqu'il voit la statue du Christ en croix ?

14 Expliquez cette phrase : « Si j'étais Dieu, moi, [...] je ne me serais pas laissé faire. » (p. 55, l. 102) Comment Oscar s'imagine-t-il Dieu ?

15 Comment Mamie-Rose présente-t-elle Dieu à Oscar (l. 103-156) ? Quelle attitude l'encourage-t-elle à adopter ? Parvient-elle à le convaincre ? Quels sont ses arguments ?

16 Lignes 103 à 156 : comment nomme-t-on un dialogue comme celui-ci, mettant en présence deux personnages dont l'un reçoit un enseignement de l'autre ?

17 Lignes 300 et 301 : quelle relation Oscar entretient-il avec Dieu ?

Écrire

18 Romain Gary acquiert, grâce à la littérature, « une image hautement théorique de la France » (p. 44, l. 25-26). Pensez-vous que la

connaissance de la culture littéraire du pays natal ou du pays d'accueil soit indispensable à la formation de l'identité d'un individu ? Est-elle suffisante ? Argumentez votre réponse.

19 À la manière d'Oscar écrivant à Dieu (p. 51-67), écrivez une lettre à un artiste disparu (écrivain, comédien, peintre, musicien, etc.). Racontez-lui comment l'une de ses œuvres a changé votre vie en évoquant un souvenir précis.

Chercher

20 Cherchez des renseignements sur le métier de diplomate, et particulièrement d'ambassadeur. Ne faut-il pas, au contraire de ce qu'affirme la mère du narrateur de *La Promesse de l'aube*, des « dispositions spéciales » ou un « talent caché » (p. 43, l. 2-3) ?

21 « Annoncez à vos soldats de plomb que du haut de ces pyramides quarante siècles les contemplent » (p. 43-44, l. 19-20) : à quel événement historique cette phrase fait-elle allusion ?

Oral

Lecture

22 Lisez de manière expressive « L'expiation », poème de Victor Hugo dont est extrait le vers « Waterloo, Waterloo, Waterloo, morne plaine » (p. 45, l. 65-66).

Débat

23 Romain Gary a effectivement mené une carrière de diplomate. Pensez-vous cependant que les parents doivent choisir seuls l'avenir de leur enfant ?

À SAVOIR

L'EXPLICITE ET L'IMPLICITE

Dans un récit, l'auteur peut choisir de mentionner clairement les faits ou les sentiments des personnages. Albert Cohen déclare par exemple explicitement qu'il n'a pas compris à l'époque « ce qui était arrivé » à ses parents lorsque ceux-ci se sont trouvés ruinés (p. 39, l. 18-19). Certains auteurs laissent cependant parfois le soin au lecteur de collecter des indices révélant le sens sous-entendu de leurs propos. Ce qui est dit l'est alors de façon implicite. Romain Gary n'évoque pas clairement la raison pour laquelle sa mère fait un cas particulier de Guy de Maupassant (p. 50). Le narrateur se contente en effet de sous-entendre que sa mère reproche à l'écrivain ses relations avec des femmes légères, qui ont provoqué sa maladie, sa folie et sa mort. C'est la raison pour laquelle elle conseille à son fils d'épouser « une jeune fille de bonne famille, bien propre » (p. 50, l. 195-196).

L'ENFANCE ET L'ADOLESCENCE, CHAMPS D'EXPÉRIENCE

Lire

J. Vallès, *L'Enfant* (p. 68-73)

1 Combien de temps le narrateur est-il resté enfermé en salle d'étude (p. 68-70) ?

2 Pages 69 à 71 : relevez les expressions qui concernent à la fois le contenu de la lecture et la salle d'étude. Quelle faculté permet au narrateur de mélanger le réel et la fiction ?

3 Lignes 29 à 31 : quel état physiologique annoncent ces phrases ? Qu'est-ce qui permet à cet état de perdurer, même après la libération du narrateur, lignes 48 à 113 ?

4 Page 71 : comment la mère du narrateur apparaît-elle à travers les propos qui la concernent ?

5 Lignes 72 à 90 : quels types de discours rapportés utilise le narrateur (*cf.* encadré « À savoir », p. 117) ?

6 Lignes 79 à 90 : comment le narrateur mesure-t-il l'écart entre l'image de la mère idéale et sa propre mère ? Relevez le procédé employé dans le texte.

7 Ligne 90 : selon vous, qui est à l'origine de cette phrase ? Qui la prend à son compte dans le passage ? Dans le texte d'Annie Ernaux, pages 33 à 38, comment est signalé ce genre d'expressions ?

8 Comment qualifieriez-vous la vie de l'enfant narrateur ? Est-elle agréable ?

9 Page 73 : en quoi cette expérience de lecture va-t-elle modifier la vie du narrateur ?

I. Némirovsky, *Le Bal* (p. 74-88)

10 Quel est le point de vue adopté lignes 22 à 34 ?

11 Dressez le portrait d'Antoinette, puis celui de sa mère (p. 74-76, et p. 81, l. 168-176). Qu'a cette dernière en commun avec la mère du narrateur de *L'Enfant* (p. 68-73) ?

12 « Sales égoïstes, hypocrites, tous, tous... » (p. 77, l. 88). À qui s'adressent ces mots ? Vers qui Antoinette dirige-t-elle sa rage ?

13 Lignes 91 à 110 : quel type de discours rapporté est ici majoritairement employé ? Quel effet crée-t-il ?

14 « Brusquement, un étrange plaisir l'envahit » (l. 102-103). Que laisse penser cette phrase à propos du personnage d'Antoinette ?

15 Lignes 118 à 142 : Antoinette est-elle un personnage sympathique ? Pourquoi ? Quel procédé littéraire permet d'en juger ?

16 Lignes 143 à 151 : quel genre de relations se développent entre Antoinette et sa mère ?

17 Quels modèles Antoinette a-t-elle en tête lorsqu'elle songe à l'amour passionnel qu'elle aimerait vivre (p. 80, et p. 82, l. 206-215) ? Qu'en pensez-vous ?

18 Quelle est la réaction d'Antoinette devant le couple « réel » formé par miss Betty et son « amoureux » (l. 206-215) ?

19 Pages 83 à 88 : peut-on considérer Antoinette comme une victime, au même titre que le narrateur de *L'Enfant* de Jules Vallès (p. 68-73) ?

Écrire

20 Pages 78 à 80, lignes 118 à 163 : récrivez ce passage sous la forme d'un dialogue théâtral, dans lequel Antoinette donnerait la réplique à sa mère.

21 Vous vous êtes violemment opposé à vos parents à propos d'une sortie nocturne, d'un moment consacré aux jeux vidéo ou d'un autre sujet important à vos yeux : vous racontez ce qui s'est passé et livrez vos sentiments à votre journal intime.

Chercher

22 Cherchez des informations sur la vie et l'œuvre de Jules Vallès.

LE DISCOURS RAPPORTÉ

Il existe trois modalités pour rapporter les paroles des personnages : le discours direct, le discours indirect et le discours indirect libre.

Le **discours direct** (*cf.* p. 74) rapporte les propos littéralement, en les séparant du reste du texte par des marques de ponctuation spécifique (tirets ou guillemets).

Sans marques typographiques particulières, le **discours indirect** est employé par exemple page 70, lignes 53 et 54 ; l'auteur rapporte les propos du « petit pion » à l'aide d'une proposition subordonnée à une principale, introduite par le verbe « dire » : « il me dit d'allumer un bon feu et de me réchauffer. »

Plus subtil à percevoir, mais très présent dans les textes de Jules Vallès et d'Irène Némirovsky, le **discours indirect libre** reprend les temps et le système des pronoms personnels du discours indirect, en rapportant les paroles prononcées sans changer la situation d'énonciation. On suit ainsi le cheminement des pensées du personnage à travers un monologue intérieur (*cf.* p. 79, l. 123-135).

L'ENFANCE HEURTÉE PAR L'HISTOIRE

Lire

F. Uhlman, *L'Ami retrouvé* (p. 89-96)

1 Lignes 1 à 30 : quelle impression se dégage de la famille Hohenfels ? Comment pourriez-vous qualifier leur arrivée au théâtre ?

2 Quelle est la signification du terme « humilier » (p. 93, l. 107) ?

3 Qualifiez l'attitude de la mère de Conrad à l'égard des Juifs (l. 130-149).

4 Hans se doutait-il de la lutte que menait Conrad pour avoir la permission de le fréquenter, comme ce dernier l'explique lignes 143 à 149 ?

5 Quels sentiments agitent successivement Conrad après ses révélations (l. 150-174) ?

6 Lisez attentivement les lignes 182 à 185 (p. 96) : de quoi Hans est-il symboliquement « prisonnier » ?

7 Pourquoi le narrateur pense-t-il que cet événement est « le commencement de la fin » de leur « enfance » (l. 191-192) ? Implicitement, à quelle caractéristique de l'enfance fait-il allusion ?

É.-E. Schmitt, *L'Enfant de Noé* (p. 97-103)

8 S'agit-il d'un récit autobiographique ? Pourquoi ?

9 Qu'est-ce que la « solidarité » (p. 98, l. 32) ? En quoi la situation de Joseph et du père Pons en témoigne-t-elle ?

10 Ligne 56 : commentez les propos de Rudy, et notamment les adjectifs qu'il emploie. Quelle figure de style remarquez-vous ?

11 Lignes 82 à 101 : de quel point de vue est vécue la scène ? Quel est le champ lexical dominant ? Quel sentiment éprouve Joseph ? En quoi sa déception prête-t-elle à rire ?

12 Lignes 142 à 145 : quel effet créent les propos du narrateur ?

13 Quelles apparences opposées le père Pons prend-il dans l'imagination de Joseph, pages 100 à 103 ? Justifiez votre réponse. Quel indice et quel personnage permettent à Joseph de trancher ?

J.-C. Moscovici, *Voyage à Pitchipoï* (p. 104-109)

14 Quels indices nous permettent de vérifier que ce texte est autobiographique ?

15 Lignes 4 à 13 : relevez les nombreuses occurrences du pronom indéfini « on ». Que dénotent-elles ?

16 Observez les références temporelles mentionnées au début des paragraphes, lignes 94 à 122 : que montrent-elles ?

17 À la lumière de cet extrait, expliquez le titre de l'œuvre : *Voyage à Pitchipoï*.

PAGES 89 À 109

Écrire

18 En quoi le récit évoqué dans *Voyage à Pitchipoï* (p. 104-109) est-il un complément indispensable aux chapitres que les livres d'histoire consacrent aux atrocités commises dans les camps de concentration ? Vous répondrez sous la forme d'un paragraphe argumenté (*cf.* encadré « À savoir » ci-dessous).

19 Écrivez un dialogue prenant la suite de l'extrait de *L'Enfant de Noé* (p. 97-103) : Rudy révèle au père Pons que Joseph l'a suivi durant l'une de ses sorties nocturnes et qu'ils sont désormais tous deux au courant de ses activités.

Chercher

20 Cherchez l'étymologie du mot « superbe » (p. 91, l. 52). En quoi les Hohenfels sont-ils superbes, au sens étymologique du terme ?

21 Dans *L'Enfant de Noé*, Rudy est le « parrain » de Joseph (p. 102, l. 142) : il doit donc prendre soin de lui au pensionnat. À quoi cette fonction correspond-elle dans la religion catholique ?

Oral

Exposé

22 Présentez *George Dandin* de Molière à la classe. Expliquez la phrase de Conrad, page 94, lignes 126-127.

À SAVOIR — EXPRIMER UNE OPINION ARGUMENTÉE

Lorsque l'on veut que le locuteur ou l'auditeur adhère à l'opinion que l'on soutient, il faut le **convaincre** grâce à des arguments appropriés et pertinents. Dans *L'Enfant de Noé*, les enfants cherchent à savoir ce que fait le père Pons durant la nuit (p. 102-103, l. 146-170). Rudy pense que l'homme d'Église se livre au marché noir. Il avance donc des arguments plaidant en faveur de cette idée : le sac contiendrait des denrées alimentaires et le prêtre se cacherait dans la chapelle pour manger. Cependant, ni Joseph, ni Rudy lui-même n'adhèrent réellement à cette opinion. Deux autres arguments (le père Pons est très maigre et la chapelle peut être la cachette d'un poste de radio) les convainquent alors qu'il participe en fait à la Résistance. Lorsque l'on écrit un paragraphe argumentatif, on procède de la même façon : on énonce son opinion, c'est-à-dire la **thèse que l'on défend**, et on avance des **preuves** montrant qu'elle est fondée.

SYNTHÈSE

Lire

1 Parmi les extraits que vous avez lus, citez-en deux appartenant au genre autobiographique et deux appartenant au genre de la fiction.

2 Quel texte propose alternativement un récit autobiographique et une fiction ?

3 Cherchez des informations sur Jean-Claude Moscovici. Est-il écrivain au même titre qu'Albert Cohen ou Nathalie Sarraute ? Selon vous, est-il plus juste de qualifier son récit de témoignage ou d'autobiographie ? Justifiez votre réponse.

4 À l'aide de l'encadré « À savoir », dites quelle différence il y a entre une autobiographie et une autofiction.

5 À la lumière de votre réponse à la question 4, montrez pourquoi *L'Enfant* de Jules Vallès (p. 68-73) est considéré comme une autofiction et non comme une autobiographie. Quel extrait des pages 11 à 23 est également une autofiction ?

6 Page 122, É.-E. Schmitt affirme que « rien ne procure autant le sentiment "du même et du différent" que le récit d'enfance ». Après avoir lu les textes de ce recueil, êtes-vous d'accord ? Justifiez votre réponse.

7 En quoi l'héroïne du *Bal* (p. 74-88) et le héros de *L'Ami retrouvé* (p. 89-96) se distinguent-ils des personnages principaux des autres textes ? Les problèmes abordés dans ces récits vous semblent-ils plus complexes que dans les autres ? Pourquoi ?

8 *Oscar et la dame rose* (p. 51-67) et *L'Enfant de Noé* (p. 97-103) sont deux romans d'Éric-Emmanuel Schmitt appartenant au « Cycle de l'invisible ». Cherchez sur Internet quel est l'objet de ce cycle.

9 Expliquez pourquoi les deux récits évoqués dans la question 9 s'inscrivent dans le « Cycle de l'invisible ». Vous justifierez votre réponse à l'aide d'une phrase issue de chacun d'eux.

10 É.-E. Schmitt déclare, page 124, que « le récit d'enfance s'éloigne de l'académisme, du "bon goût", du snobisme, des modes ». Selon vous, en quoi *Oscar et la dame rose* et *L'Enfant de Noé* répondent-ils à ces critères ?

11 Quelles émotions vous ont inspiré les textes d'Amélie Nothomb (p. 20-23) et de Romain Gary (p. 43-50) ? Vous ont-ils fait rire ou vous ont-ils rendu triste ? Pourquoi ?

12 Avez-vous éprouvé cette même émotion pour l'ensemble des textes composant ce recueil ? Qu'en déduisez-vous par rapport au ton que les écrivains accordent aux récits d'enfance ?

13 Parmi les textes que vous avez lus, lequel vous a le plus touché ? Expliquez pourquoi.

Écrire

14 Après avoir interrogé votre famille, évoquez, de la même manière qu'Amélie Nothomb dans *Métaphysique des tubes* (p. 20-23), un « souvenir » de votre vie de nourrisson.

15 Dans *L'Enfant de Noé* (p. 100-101), Joseph, seul dans la forêt, la nuit, a peur. Faites le récit, du point de vue d'un narrateur enfant, d'une situation effrayante.

Chercher

16 En 1913, Louis Pergaud a écrit un roman mettant en scène des enfants. Quel est son titre ? Rédigez un bref résumé de l'intrigue.

17 *Le Grand Meaulnes* est un célèbre récit d'enfance et d'adolescence. Qui en est l'auteur ? Quand ce roman a-t-il été écrit et quels en sont les personnages principaux ?

Oral

Débat

18 Pensez-vous que l'autobiographe écrive uniquement par nostalgie, parce qu'il « [pleure] son enfance », selon l'expression d'Albert Cohen (p. 39, l. 1) ?

Exposé

19 Hervé Bazin, dans *Vipère au poing*, et Jules Renard, dans *Poil de carotte*, évoquent, comme Jules Vallès, des enfants maltraités. Présentez ces deux œuvres à vos camarades.

À SAVOIR — FICTION, AUTOBIOGRAPHIE OU AUTOFICTION ?

Écrire un récit d'enfance impose d'en choisir le genre. En effet, s'il s'agit d'une fiction, la seule contrainte imposée à l'auteur est de faire d'un enfant le personnage principal de l'œuvre, comme dans *L'Enfant de Noé*. Les événements seront ainsi vécus **de son point de vue**. Si, en revanche, l'écrivain choisit de raconter ses propres souvenirs d'enfance, alors il faut qu'il en passe soit par l'**autobiographie**, qui exige de sa part le plus de sincérité possible, soit par l'**autofiction**, qui lui permet d'évoquer ses souvenirs en prenant certaines libertés vis-à-vis de la vérité. Il pourra ainsi donner au personnage principal un nom différent du sien, déplacer l'intrigue dans un autre lieu que celui où il a précisément grandi, ou encore déformer certains événements pour satisfaire à l'économie de son récit. Quel que soit le genre choisi, le ton et la forme adoptés sont libres, allant du récit comique, voire burlesque, au témoignage pathétique.

INTERVIEW EXCLUSIVE D'ÉRIC-EMMANUEL SCHMITT

Pour la collection « Classiques & Contemporains », Éric-Emmanuel Schmitt a accepté de répondre aux questions de Sylvie Coly, professeur de Lettres et auteur du présent appareil pédagogique.

Sylvie Coly : Comment définiriez-vous le récit d'enfance et d'adolescence ? Quelles sont les caractéristiques qui le distinguent des autres récits ?

Éric-Emmanuel Schmitt : C'est le récit le plus universel car le lecteur, comme l'auteur, a déjà traversé l'enfance et l'adolescence. Moins abstrait qu'un roman d'amour, qu'une chronique de guerre, qu'une fiction politique ou qu'une épopée spirituelle, il évoque une réalité connue par tous.

Paradoxe ! Parce qu'il se réfère à un âge que chacun de nous a vécu, il se montre très singulier. Aucune enfance ne ressemble à une autre. Si nos problèmes se révèlent souvent identiques, nos histoires demeurent uniques, peuplées de personnages sans équivalents, situées dans des contextes particuliers. Rien ne procure autant le sentiment « du même et du différent » que le récit d'enfance, un genre qui cultive l'humanisme, cette idée que nous sommes à la fois semblables et divers.

Il affûte aussi le sens critique car il déploie un art du double niveau, l'écart entre le passé et le présent, la distance entre ce que l'enfant perçoit et ce que comprend l'adulte qui raconte. Cette amplitude permet de s'interroger sur la société, sur les motivations des individus, sur leurs codes, sur leurs préjugés. La « naïveté » de l'enfant a une profondeur décapante qui remet en question les prétendues évidences ainsi que les idéologies dominantes.

En fait, c'est un genre intelligent qui assure un travail philosophique qu'on pourrait, en paraphrasant Nietzsche, nommer « généalogique » : il montre comment un être se construit, par/avec/contre les siens et la société, libre en même temps que déterminé. Il nous fait rentrer, avec un mélange de recul et d'empathie, dans l'atelier où l'on fabrique des hommes…

Interview

S. C. : Vous avez écrit de nombreux récits mettant en scène des enfants. Nous pensons par exemple aux enfants qui peuplent le « Cycle de l'invisible ». Pourquoi cet intérêt accordé à l'enfance ?

É.-E. S. : Pour moi, l'enfant est spontanément philosophe. Il s'étonne, il s'interroge, il doute, il réfléchit. Même s'il s'adapte à tout, pour lui rien ne va de soi. À la différence de l'adulte, il transporte dans ses bagages davantage de questions que de réponses. Il cherche encore. Mieux, il ne prétend pas savoir quand il ne sait pas. Il reste doté d'une ignorance humble, confiante, il souhaite apprendre.

Dans mes récits d'enfance, je confronte des enfants à des situations graves et je raconte leur cheminement. Ils ont souvent la chance de rencontrer des adultes intelligents, qui détiennent des convictions, mais ne les imposent pas brutalement. Ce qui m'intéresse – et on le voit bien dans les extraits que vous avez choisis –, c'est la confrontation, l'échange d'idées.

Du dialogue ne sort pas toujours la vérité, mais le dialogue témoigne constamment d'une recherche de vérité.

Aussi important que l'enfance me semble « l'esprit d'enfance », une qualité d'adulte celle-là, la capacité d'être surpris, de s'émerveiller, d'accueillir chaque moment vécu comme si c'était la première fois.

S. C. : Est-il difficile, pour un écrivain, de donner la parole à un enfant ? Cela demande-t-il un effort stylistique particulier ?

É.-E. S. : C'est une contrainte libératrice ! Arriver à produire une page qui n'a pas l'air écrite, qui respire le naturel, qui semble juste et improvisée, voilà un défi stimulant.

Je dois limiter mon vocabulaire – ce qui me conduit parfois à devenir « poète » par disette de mots, m'obligeant à trouver l'image juste, à inventer des métaphores surprenantes.

Je dois aussi viser à la simplicité, ce qui correspond à mes tendances les plus profondes. Dire en quelques mots une réalité complexe, rien ne me passionne autant. Surtout qu'il ne faut pas confondre la simplicité et le

simplisme : le simplisme, c'est l'ignorance des difficultés ; la simplicité, ce sont les difficultés résolues.

Enfin le récit d'enfance éloigne de l'académisme, du « bon goût », du snobisme, des modes et du « littéraire » convenu. Un enfant mélange le familier et le sublime, le drôle et le tragique, le sentiment et le détail physique. Quelle régénération ! Ce genre d'écriture est un retour à la source fraîche, une façon de se nettoyer de mauvaises habitudes.

S. C. : Quels récits d'enfance autobiographiques vous ont le plus marqué ? Pourquoi ?

É.-E. S. : J'avais été bouleversé par le récit de Julien Green, *Partir avant le jour*, parce que, pour la première fois de ma vie, je me sentais, avec délectation, proche et différent d'un autre homme. Le tome 1 d'*À la recherche du temps perdu* m'a aussi bouleversé, tant Marcel Proust mettait en mots des sensations primordiales en leur donnant force et sens. *Enfance* de Nathalie Sarraute me passionne intellectuellement par sa façon modeste et lucide d'approcher le souvenir. Et Romain Gary m'amuse profondément par son don de saisir l'enfance, pas seulement dans sa propre enfance, mais dans l'âge adulte de tous ses personnages.

S. C. : Quelles vous semblent être les difficultés auxquelles se heurte un écrivain désireux d'évoquer sa propre enfance ?

É.-E. S. : On n'a pas une enfance mais plusieurs enfances. Cela dépend de l'âge auquel on s'en souvient… Car il n'y a de perception du passé qu'à travers les préoccupations du présent. Toute enfance est contemporaine du narrateur. J'ai souvent rêvé qu'un écrivain nous raconte son enfance à 13 ans, puis à 20 ans, puis à 30 ans, puis à 50, puis 80. Peut-être n'aurait-il pas d'enfance à certains âges, et des enfances très différentes à d'autres.

La deuxième difficulté est de se méfier des tics romanesques. Nathalie Sarraute le montre bien dans *Enfance*, refusant de mettre de l'ordre dans ce

Interview

qui n'en a pas, de constituer des sensations en personnages, de transformer des lambeaux de pensée en récit organisé. Il y a risque de banalisation romanesque du souvenir.

Et puis le récit d'enfance doit se méfier de « l'enfantin » comme la poésie doit se méfier du « poétique ». Nombre de textes souffrent d'images niaises.

Mais le pire des écueils demeure la complaisance nostalgique : l'enfance évoquée comme un univers frais, un paradis peuplé de vrais gentils et de grands méchants. Combien d'autobiographies me sont tombées des mains à cause de pages trop sucrées...

S. C. : Dans *Ma vie avec Mozart*, votre roman autobiographique, vous évoquez vos quinze ans. Avez-vous déjà songé à remonter davantage le temps et à raconter votre enfance ?

É.-E. S. : Se raconter ne constitue pas un but pour moi. J'aime parler de nous, de nous tous, pas de moi. Les rares fois où j'ai dit « je », comme dans *Ma vie avec Mozart*, j'ai choisi dans mon passé des moments universels, que chacun a pu vivre – la déprime, l'impatience amoureuse, le doute, le chagrin d'amour, le deuil. À mes yeux, l'écrivain doit être autobiographique pour tous, pas autobiographique pour lui !

Et puis j'ai la chance d'avoir de l'imagination – on oublie que cela constitue une qualité essentielle en littérature. Grâce à elle, je peux composer des récits singuliers sans qu'ils soient des récits personnels. Généreuse, elle m'offre tous les « moi » que je ne suis pas. Elle m'ouvre à la complexité humaine. Et je n'aime que cette exploration aventureuse...

INFORMATION/DOCUMENTATION

BIBLIOGRAPHIE

- **Les textes du corpus**
- Driss Chraïbi, *La Civilisation, ma Mère !...*, Denoël, 1972.
- Albert Cohen, *Le Livre de ma mère*, Gallimard, 1954.
- Annie Ernaux, *La Place*, Gallimard, 1983.
- Romain Gary, *La Promesse de l'aube*, Gallimard, 1960.
- Jean-Claude Moscovici, *Voyage à Pitchipoï*, L'École des loisirs, 2009.
- Irène Némirovsky, *Le Bal*, Grasset, 1930.
- Amélie Nothomb, *Métaphysique des tubes*, collection « Classiques & contemporains » n° 111, Magnard, 2010.
- Georges Perec, *W ou le Souvenir d'enfance*, Denoël, 1975.
- Nathalie Sarraute, *Enfance*, Gallimard, 1983.
- Éric-Emmanuel Schmitt, *L'Enfant de Noé*, collection « Classiques & contemporains » n° 109, Magnard, 2010.
- Éric-Emmanuel Schmitt, *Oscar et la dame rose*, collection « Classiques & contemporains » n° 79, Magnard, 2006.
- Fred Uhlman, *L'Ami retrouvé*, Gallimard, 1971.
- Jules Vallès, *L'Enfant*, 1879.

- **D'autres récits d'enfance**
- Alain-Fournier, *Le Grand-Meaulnes*, 1913.
- Hervé Bazin, *Vipère au poing*, Grasset, 1948.
- Colette, *Claudine à l'école*, collection « Classiques & Contemporains » n° 129, Magnard, 2012.
- Claude Klotz, *Killer Kid*, collection « Classiques & Contemporains » n° 18, Magnard, 2001.
- Pierre Loti, *Le Roman d'un enfant*, collection « Classiques & Contemporains » n° 4, Magnard, 2000.
- Amélie Nothomb, *Le Sabotage amoureux*, collection « Classiques & Contemporains » n° 16, Magnard, 2001.
- Louis Pergaud, *La Guerre des boutons*, collection « Classiques & Contemporains » n° 132, Magnard, 2012.
- Jules Renard, *Poil de Carotte*, collection « Classiques & Contemporains » n° 6, Magnard 2000.
- Jean-Paul Sartre, *Les Mots*, Gallimard, 1977.
- Éric-Emmanuel Schmitt, *Monsieur Ibrahim et les fleurs du coran*, collection « Classiques & Contemporains » n° 57, Magnard, 2004.

Information/Documentation

FILMOGRAPHIE
- Philippe de Broca, *Vipère au poing*, 2004.
- Éric-Emmanuel Schmitt, *Oscar et la dame rose*, 2009.
- Yves Robert, *La Guerre des boutons*, 1962.
- Jean-Daniel Verhaeghe, *Le Grand Meaulnes*, 2006.

SITES INTERNET
- Site officiel d'Éric-Emmanuel Schmitt : http://www.eric-emmanuel-schmitt.com/
- « Récits d'enfance et d'adolescence », dossier thématique en ligne : http://www.classiquesetcontemporains.com/dossiers-pedagogiques

Couverture
Conception graphique : Marie-Astrid Bailly-Maître et Yannick Le Bourg
Illustration : Antoine Moreau-Dusault
Photographie d'Éric-Emmanuel Schmitt : © Antigone SA – Photographe Catherine Cabrol

Intérieur
Conception graphique : Marie-Astrid Bailly-Maître
Édition : Charlotte Cordonnier
Réalisation : Nord Compo, Villeneuve-d'Ascq
Photographie d'Éric-Emmanuel Schmitt : © Antigone SA – Photographe Catherine Cabrol

Aux termes du Code de la propriété intellectuelle, « toute reproduction ou représentation intégrale ou partielle de la présente publication, faite par quelque procédé que ce soit (reprographie, microfilmage, scannérisation, numérisation…) sans le consentement de l'auteur ou de ses ayants droit ou ayants cause, est illicite et constitue une contrefaçon sanctionnée par les articles L.335-2 et suivants du Code de la propriété intellectuelle ».
© L'autorisation d'effectuer des reproductions par reprographie doit être obtenue auprès du Centre français d'exploitation du droit de copie (CFC) – 20, rue des Grands-Augustins – 75006 PARIS – Tél. : 01 44 07 47 70 – Fax : 01 46 34 67 19.

© **Éditions Magnard, 2015, pour la préface, les notes,
les questions, l'appareil pédagogique et l'interview exclusive.**

www.magnard.fr
www.classiquesetcontemporains.com

Achevé d'imprimer en avril 2015
par «La Tipografica Varese Srl», Italie
N° éditeur : 2015-0320
Dépôt légal : avril 2015